ヨーロッパ観光事情

まち歩きの楽しみ

秋山秀一 著

新典社

はじめに

旅をする。

映画を観る。

本を読む。

二〇一六年三月、大学を定年退職。三六年間の専任教員生活に、グッバイ。そのとき心に決めたことは、

「これからは、自分の本当にやりたいこと、好きなことだけをやる」

ということ。それは、「旅」と「映画」と「本」。

初めに書いた、この三つだけをやることにした。

そのことはずっと以前から考えていたことで、いまのところ、まあ、合格、といったところである。

いま、一番充実した人生を送っている…、そう、思う。ありがたいことに、精神的にも、とってもいい状態である。

ぼくは、死ぬ、ということを考える前に、どう生きるか、を、常に考えてきた。死を迎えるときに、「こんなもんかな、まあ、いいか。はい、さようなら」、と言えて、グッバイできるか、ど

うか…。でも、そんなことは、わからない。どうなるかわからないものなら、そんなこと、悩んでもしょうがない。

ぼくには、旅がある。旅があるから、何があっても、大丈夫。大した根拠といえるものがあるわけではないけれど、そう思っている。旅、だけは、続いている。ずっと、旅をしてきて、書いたり、しゃべったりしてきた。ありがたいことだ。

旅は、感動、発見、そして、創造。旅をしながら写真を撮り、その時の感動を大切に、そのまま記録する。いつも、そう思って、旅に出る。いま、まだ、旅の途中である。

ちばぎん総合研究所が発行する月刊誌『マネジメントスクエア』の二〇一一年四月号に、「旅の達人が見た　世界観光事情」のテーマで、スペインのマドリードについて執筆し、それ以後、世界各地の観光事情について書いてきた。そのなかから、ヨーロッパの二四の都市についてまとめたものが、この本になった。

写真も、すべて、ぼくが撮ったもの。

どこも、魅力ある「まち」ばかりである。

実際に歩いてみれば、そのことを納得すること、保証する。

でも、まずは、この本を読んでみよう。そうすれば、その楽しさを少しは感じていただけるに違いない。

目次

リスボン ―― ポルトガル

入り組んだ坂と、積み重なる歴史

サン・ジョルジェ城からの眺め

テージョ川から市街を望む

ボタン、カッパ、パン、シャボン……、これらはどれもポルトガル語が語源のことばである。このユーラシア大陸最西端に位置する国・ポルトガルと日本とは、種子島《たねがしま》への鉄砲伝来（一五四三年）に始まる、歴史的にも深いつながりを持っている。

首都・リスボンは、イベリア半島最大の川・テージョ川が大西洋に注ぐ河口から一〇kmほど上流に位置している。この川を背にして北を向いて立つと、コメルシオ広場の右手の丘の上に、ローマ時代の要塞《ようさい》の跡に建設されたサン・ジョルジェ城が見える。その南側の傾斜地に、住宅がへばりつくように密集しているところが旧市街・アルファマである。

リスボン大地震（一七五五年）の被害を受けることのなかったアル

ファマは、入り組んだ狭い路地や壁のタイル絵（アズレージョ）など、イスラム文化の色濃く残る、リスボンでもっとも古いまち並みの残るところである。

アズレージョで描かれたアルファマの地図

市内一にぎやかなロシオ広場

まずは、コメルシオ広場の北にあるアーチ型の門を通り抜け、バイシャ地区のメインストリート・アウグスタ通りを行く。リスボンの道は、足元の石畳を見ながら歩くのも楽しい。立方体にカットされた黒と白の石灰岩が、船や魚などの形を描きだしているのだ。

やがて、リスボンでもっともにぎやかなロシオ広場に着く。中央の円柱の上には、初代ブラジル国王になったドン・ペドロ四世の像が立っている。夜にライトアップされる噴水の一番のビューポイントは、広場の北側に建つドナ・マリア二世国立劇場のテラスのオープンカフェだ。一杯二ユーロのビールを飲みながら眺めれば、旅の疲れも癒《いや》される。

アルファマの路地

坂のまちならではの交通網

白い壁に囲まれた入り組んだ迷路のような路地。密集し

坂道を走るケーブルカー

アルファマを行く路面電車

た家に、大衆音楽・ファドを聴かせるレストランが混じる。そんなアルファマの石畳の坂道を歩いて上っていくと、すぐ横を、路面電車が満員の乗客を乗せて通過していく。路地を縫うように走り、アルファマを一周する一二番の路面電車は観光客にも人気の路線だ。

アルファマを上りつめたところにあるサン・ジョルジェ城の城跡は、リスボン唯一の城で、リスボンに残る最古の建造物でもある。まちを眺めるには、ここがベストポイントだ。左手にテージョ川が見え、すぐ下には煉瓦《れんが》の屋根群、教会、広場、そして、低地に広がるバイシャ地区、さらにその向かい側の丘の上、バイロ・アルト地区の家々も眺められる。

坂のまち・リスボンには一九世紀末に建設されたグロリア線、ラヴラ線、ビッカ線の三路線のケーブルカーが、一〇〇年以上にわたっていまでも走っている。この中で観光客にもっとも人気があるのは、グロリア線である。

夕暮れ時、グロリア線のケーブルカーに乗って丘の上へ上り、バイロ・アルトの小路《こうじ》へ人々は流れていく。ここにはレストラン、バー、ファドの店、ジャズの店もある。狭い歩道に並んだテーブルにも人がいっぱいだ。

ベレン地区で大航海時代をしのぶ

アルファマから西へ六㎞ほどのところに、大航海時代の文化遺産・ジェロニモス修道院やベレンの塔のあるベレン地区がある。

ベレン地区にある「発見のモニュメント」に行って、思わず「あれっ？」と考え込んでしまった。モニュメントの北側の広場に、大理石のモザイクで描かれた世界地図があり、そこに、インドの西海岸には１４９８、マラッカには１５０９、マカオには１５１４と、〝発見の年〟を示す四ケタの数字が書いてあるのだが、日本のところを見ると、〝１５４１〟と書いてあるのだ。日本とポルトガルの交流は鉄砲伝来（一五四三年）に始まると、昔、歴史の授業で習ったのだが……。

それはともかく、一九六〇年にエンリケ航海王子の五〇〇回忌を記念して建てられたこの発見のモニュメントには、大航海時代にかかわりを持つ三三人の人物像が両側に並んでいる。北側の壁面に並んだ人物像を見ると、先頭に立っているのがエンリケ航海王子、三番目がバスコ・ダ・ガマの像である。

一五世紀末、リスボンを出港したバスコ・ダ・ガマは、アフリカ南端の喜望峰を回って、インドの西海岸にたどり着いた。この「インド航路」を発見した、この時代の最大の功労者ともいえるバスコ・ダ・ガマの棺《ひつぎ》は、ジェロニモス修道院に安置されている。

ジェロニモス修道院は、エンリケ航海王子が建てた礼拝堂の跡地に、バスコ・ダ・ガマのイン

ジェロニモス修道院

ベレンの塔

13 リスボン —— ポルトガル

発見のモニュメント

ド航路発見という偉業を称えて、一六世紀初めに建造されたもので、一九八三年にベレンの塔とともに世界文化遺産に登録された。
ベレン地区で、大航海時代の歴史的建造物・ジェロニモス修道院とベレンの塔を見学した後、甘い焼き菓子を食べる、というのも、観光客に人気のコース。修道院の東方、数分歩いたところに、行列のできる人気の店がある。お目当ては、ポルトガルでもっともポピュラーな菓子、パスティス・デ・ナタ（エッグタルト）。この店では、それを、パスティス・デ・ベレンと呼んでいる。店の外の歩道には、「１８３７」と、創業した年が黒い敷石で描かれていた。こんなちょっとしたところにも積み重なる歴史を感じさせるまち、それがリスボンだ。

プラハ ―― チェコ共和国

中世のまち並みが残る一大観光都市

二軒の名物ビアホール

「ドンダカ、ドンダカ、ドンドンドン。ドンダカ、ドンダカ、ドンドンドン……」

小太鼓の音が聞こえてきた。アコーディオンの音もする。ひと昔前の軍服姿の男が二人、ピルゼンビールを飲んで上《じょう》機嫌《きげん》になった客たちの間を歩きながら演奏していく。ウ・カリハで見た光景だ。

ウ・カリハの看板

チェコ共和国の首都・プラハ。ドボルザーク博物館を出て左へ歩いていき、最初の角を左に曲がると、その通りの右側にやや小太りの軍服姿の男が描かれた看板が目に入る。ここが、いま、プラハを訪れる観光客にもっとも人気のあるビアレストラン「ウ・カリハ」である。

チェコを代表する風刺小説に、『兵士シュヴェイクの冒険』がある。この本の著者ハシェクもウ・カリハの常連だった。この店では、看板やコースターに、緑色の軍服を着て帽子をかぶった、小説の主人公・

ハシェックも常連だったウ・カリハ

兵士シュヴェイクの横向きの姿が描かれている。

高い天井、広いホール。壁に書かれた落書きの数々。その中にはシラク元フランス大統領など著名人が書いたものもある。

プラハには、もう一軒ビールを飲むために必ず行く店がある。創業一四九九年、プラハ最古のビアホール「ウ・フレクー」だ。

数字がチェコの文字で書かれた時計の文字盤が、この店の看板。醸造所もここにある。五〇〇年以上歴史のある、創業以来続くオリジナル黒ビールをここでは飲むことができる。

店に入って席に案内され、注文。厚紙でできたコースターに描かれているのも、チェコの文字で書かれた時計の文字盤だ。黒ビールの入ったジョッキがコースターの上に置かれ、メモ用紙のようなザラ紙に線が一本書かれる。一杯目が終わって、二杯目、三杯目と追加のジョッキが運ばれてくると、そのたびに、そのザラ紙に書かれた線が一本加わる。

「百塔のまち」

プラハの人口は約一二〇万人。一〇〇万人を超える人口を抱える大都市で、中世ヨーロッパのまち並みがこれほど残っているところはほかにない。冷戦時代には建物や道路などまち全体の痛

「百塔のまち」を実感

プラハ城から眺めるプラハの旧市街

聖ヴィート大聖堂のミュシャのステンドグラス

みがひどく、至るところボコボコで、「アールヌーボー建築などの建物や道路が整備されたら、良いまちになるのに」と思っていた。一九八九年のビロード革命により政治体制が変わり、現在のプラハのまちはきれいになった。魅力的な旧市街、ボヘミアグラス、ビールなど観光資源も豊富で、外国人に人気の観光のまちに変貌《へんぼう》を遂げた。

プラハ市内観光の始まりは、ハラッチャニの丘の上にそびえるプラハ城から、がお勧め。ここから一九九二年に世界文化遺産に登録されたプラハ歴史地区を概観し、城の中庭に建つ聖ヴィート大聖堂の中に入っていく。聖堂内で見る夕日を浴びたステンドグラスの絵模様に、うっとりする。特に、ミュシャの描いた新礼拝堂のステンドグラスは必見だ。

そして、カフカが暮らした家のある「黄金小路」を抜けて、ヴルタヴァ川（モルダウ）の左岸のカレル橋のたもとへと、ゆっくり歩いていく。

カレル橋は、ヴルタヴァ川に架かるプラハ最古の橋だ。橋の全長は五〇〇m余り。カレル橋を渡りながら、橋の欄干《らんかん》に立ち並ぶ三〇体の聖人像を一つひとつ見ていくと、右手一一番目に、日本にも関係の深いフランシスコ・ザビエルの像がある。

観光客でにぎわう、黄金小路

旧市街塔の上からカレル橋を望む

橋の上から見るプラハのまちの風景もよいが、ベストは、旧市街側に建つ塔からの眺めだろう。プラハにやってくるたびに、必ずこの塔に上る。窓から眺める旧市街の風景、これはまさに、「塔のヨーロッパ」そのもの。「百塔のまちプラハ」と言われるのも納得だ。塔が、ちょうど目線の位置にズラリと並ぶのだ。

反対側の窓からの眺めもいい。すぐ下に先ほどのカレル橋。橋を行き交う人々、露店や似顔絵かきの姿、欄干に立つ聖人像も確認できる。風景は、見る高さによって変わる。旧市庁舎の塔の上から見る風景は、まちの全体像をつかむにはよいが、このまちの塔を上から見下ろすことになり、迫力に欠ける。高ければ高いほどよいというものでもなく、ちょうどよい高さというのがあるのだ。

旧市街広場。左手の建物が旧市庁舎時計塔

数多くの映画作品に登場

ヴルタヴァ川の流れ、行き交う観光船、川の対岸に建つ西日を受けたプラハ城。これらのほかにも、旧市庁舎広場に建つチェコ人の誇り、ヤン・フス像、旧市庁舎時計塔の仕掛け人形と天文時計、ヴァーツラフ広場、国立博物館、市民会館など、魅力たっぷりな歴史ある観光スポットがまち中に分布している。

モーツァルトの生涯を描いた映画『アマデウス』はここプラハで撮影された。『ミッション・インポッシブル』の導入部の重要な場面に夜のカレル橋が登場する。『トリプルX』の最後のもっとも盛り上がった場面に、ヴルタヴァ川とカレル橋が登場する。そして『コーリャ 愛のプラハ』には、ビロード革命のときに三〇万人もの民衆が集結したヴァーツラフ広場の実写映像も映し出されていた。

このように、プラハは映画の舞台としても数多く登場する。それもまた、プラハ観光をより魅力あるものにしているのだ。

ブダペスト ―― ハンガリー

ヨーロッパ屈指の美しいまちで、温泉を楽しむ

ラッシュ時には道路が混雑する

ブダ地区とペスト地区のコントラスト

ハンガリーの首都・ブダペスト市内を、ドナウ川が北から南へゆっくり流れている。

川の西側、ブダ地区と呼ばれる丘陵地帯に王宮があり、周辺には住宅地が広がっている。対岸のペスト地区と呼ばれる低地が商業地区になっているため、ブダ地区に住む人々は職場のあるペスト地区へ、ドナウ川を渡って通勤する。そのため、朝晩のラッシュ時にはドナウ川に架かる橋は大混雑する。

王宮の丘に立ってドナウ川の対岸を見ると、まず目に飛び込んでくるのが、川に面して建つ宮殿のようにりっぱな国会議事堂である。川に沿って下流に目を移していくと、鎖橋《くさりばし》があり、そのバックにペスト地区のまち並みが眺められる。

王宮の丘からドナウ川対岸の国会議事堂を見る

夜、王宮の丘からライトアップされた鎖橋を眺めた後、ガス灯の明かりに照らされた石畳の道を歩いた。坂道を下っていき、ドナウ川の岸辺に出たら、川に沿って歩き、鎖橋を渡った。橋を渡ったところで振り返ると、丘の上にライトアップされた王宮の美しい姿が、くっきりと夜空に浮かんでいるのが見えた。

プラタナス、ポプラ、クルミといった樹木が植栽され、緑が多いのはブダ地区である。一方、ペスト地区には市民の憩いの場、市民公園がある。

一八九六年、建国一〇〇〇年のこの年、市民公園を会場に、ブダペスト万博が開催された。同年、ロンドンに次いで世界で二番目となる地下鉄一号線が建設された。

英雄広場の北東に広がる市民公園には、池のある森が広がり、その中に植物園、動物園、サーカス、そして、まるで宮殿のようなりっぱな建物のセーチェニ温泉もある。

冬は木の葉が落ち、池はアイススケート場となって、子どもたちの元気な姿でにぎわう。夏は、プラタナス、ポプラ、カシなどの葉が生い茂り、池にはボートが浮かぶ。

まちの中心から市民公園までは、広い並木道・アン

市民公園の池

市民公園内にあるセーチェニ温泉

セーチェニ温泉でチェス

市民公園内にあるセーチェニ温泉でつかる人々

ドラーシ通りの下を走る地下鉄一号線に乗ればすぐだ。この地下鉄一号線は地下の浅いところを走っているため、地上にいても、「ゴーゴー」という通過音とともに、振動まで伝わってくる。

市民の生活に欠かせない温泉

この国には日本のように火山があるわけではないが、温泉がある。およそ一〇〇〇mの地下深い所からくみ上げられた温泉を利用した施設が、ブダペスト市内の各所にある。温泉はさまざまに利用されていて、ブダペストに暮らす人々と温泉とのかかわりは、多くの日本人にとってのそれより強いくらいである。

セーチェニ温泉に入る。ここはヨーロッパでも最大規模の複合温泉施設で、医療用でもある。サウナやマッサージ室は建物の中にあるが、広い共同浴場と温水プールは屋外の中庭にある。男女混浴。水着に着替えて、シャワーを浴びてから入る。

ここで人気があるのは、チェス。温泉につかりながら、チェスに興じるブダペスト市民の表情は真剣そのもの。チェスを見学する人も、真剣なまなざしで勝負の行方を追っている。そのほか、温泉に入ったまま、本を読んでいる女性もいる。本人の気の向くまま、皆、ゆっくりとした時を過ごしている。

身体も気分もホットになったところで、外へ。少し離れた場所に小屋がある。ポリ容器を持った人たちが何人もやってきて、その小屋に入っていく。ここは温泉販売所だ。ポリ容器を持った人たちがひっきりなしにやってきて、温泉を買っていくのである。飲むこともできる。

小屋の中をのぞくと、長椅子《いす》に腰かけたお年寄りたちが、温泉の入ったジョッキを手に、楽しそうに話をしていた。二本の蛇口からは温泉が出っぱなし。ジョッキをあてがえばすぐにいっぱいになる。これで、ほんの数円。昼間の、健康的な、温かい〝温泉パブ〟である。「胃腸にいいよ」と言われ、実は、三日も続けて飲みに行った——。

温泉を飲む人々

世界文化遺産のまち

市内の主なホテルには、サウナと温水プールがあるところが多い。宿泊客はサウナもプールも無料だ。水泳パンツ一枚あれば、あとは何もいらない。

プールで泳いだ後、サウナへ。更衣室は男女別々。「水着を脱いで、タオルを腰に巻いて」。そんなイラスト入りの説明書きが壁に貼《は》ってあったので、それに従って、大型のタオルを腰に巻いてサウナに入った。

入ってビックリ。誰もが、タオルを尻の下に敷き、腰には巻いていないのだ。しかも、サウナは男女共用、そこに女性もいる。「タオルをとったほうが早く汗をかくよ」というようなことを言われ、「は、はい」とうろたえながら、腰に巻いていたタオルを外したのだった。

＊

市内の国会議事堂やマーチャーシュ聖堂、鎖橋、地下鉄一号線などが世界文化遺産「ブダペストのドナウ河岸とブダ城地区およびアンドラーシ通り」に登録されている。豊富な観光資源を持ち、ヨーロッパ屈指の美しいまちとして知られるブダペストは、〝温泉のまち〟という意外な側面も持つ。この魅力あふれるまちの楽しみ方は多様だ。今後もますます世界の注目を集めていくに違いない。

ベネチア —— イタリア

イタリアの中の非イタリア的風景

観光客に人気のゴンドラに乗っての運河めぐり

本家本元の「水の都」

「ポー」

ベネチアへ向かって列車は進む。列車の両側の車窓から見えるのはラグーンの水面。

「ジー」

キャサリン・ヘプバーン演じる主人公がフィルム撮影機を回す。アメリカから一人、初めてベネチアにやってきたのだ。

向かいの席の、旅慣れた年配のカップルとことばを交わす。列車はサンタ・ルチア駅に着く。

まちの雑踏の中、運河に出て、船着き場へ。そこで、思わず、

「タクシー」

と、大声をあげる。すると、

「ノー、タクシー。ゴンドラ、バス」（映画『旅情』より）の声――。

そう、ここは、水の都・ベネチア。陸を走るタクシーなど、まちなかには一台もないのだ。ベネチアでの交通手段は、運河を行き交う船のみ。あとは、歩くしかない。ここではホテルも、運河に面している方が表。船に乗って運河を行き、ホテルの入り口に着く。

ベネチアのことを英語でベニスという。

「〇〇のベニス」といった言い方をすることがあるが、それはどこも、運河があって、人々の暮らしがそれと密接にかかわっているような所に付けられている。その本家本元が、ここ、イタリアのベネチアである。

「ベネチアには一〇〇を超す島々、一五〇の運河があり、橋の数は四〇〇以上もあります」

そんな現地ガイドの話を、ベネチアを訪れるたびに、何度も耳にした。

ベネチアのほぼ中央部をS字と逆の形をした大運河（カナル・グランデ）が流れ、そこから小さな運河がまさに網の目のようにまちじゅうに張り巡らされ、その小さな運河のすべてに、名前がつけられているのだ。

ベネチア人のプライド

中世の時代に貿易で発展した。人々が独特の仮面と衣装を身に付けてまちに繰り出す幻想的な

″カーニバル″も、中世に始まったといわれる。一六世紀の初めにはヨーロッパでもっとも豊かなベネチア共和国の首都として栄えた。現在の主な産業は観光である。多くの人々が観光と何らかのかかわりを持って暮らしている。それだけに、市民は、水の都ベネチアの現在の姿を守ることに熱心である。

例えば、政府が地域経済の活性化をねらって二〇〇〇年の万博開催都市として名乗りをあげたが、市民の猛反対にあい、博覧会国際事務局総会の投票を目前に立候補を取り下げたことがあった。開発や発展よりも、歴史のあるこの水の都を、そのままの姿で守っていきたい、という理由からである。

カーニバルの仮装をする人

路地を歩いていると、家の扉に菊の花の模様を見ることがある。現地ガイドによれば、「イタリア人は菊の花は嫌いですが、ベネチア人は菊の花が好きです」とのこと。さらに、「私たちベネチア人はラテン系ではありません」。イタリアという国の一部というより、一線を画した、歴史があり由緒ある民族だと強調するのだ。

運河と路地の楽しみ方

運河に沿った狭い道を歩いていると、窓や扉が沈みこんで、上の方しか地上に出ていない建物を見かける。教会の中なども地盤沈下のため、もともと平らだった床がデコボコになっているところもある。

ベネチアはもともと砂洲の上に石の建物を建ててできた都市だが、地盤沈下の原因は、建物の重さによるものだけでなく、地下水のくみ上げによるところが大きい。運河から離れて路地を歩いていると、狭い道から急に開け、家々に囲まれた、井戸のある広場に出る。昔は、このような井戸から水をくみ上げて、生活用水として使っていたのだ。いまは井戸の水は使われず、山から引いてきた水道の水が使われている。

一番大きな橋はリアルト橋。橋の両側には、観光客相手の貴金属やみやげ物を売る店が並ぶ。この橋の上から大運河を行き交う船を眺めるのは楽しい。

広場には昔の井戸（左）も残る

リアルト橋の橋の上のようす

大運河を行き交うバポレット

太鼓橋が架かる運河をゴンドラが行く

水上バス「バポレット」の運航は大運河のみ。狭い運河には入っていかないので、一度はゴンドラに乗って、狭い運河をゆっくり巡りたい。

ゴンドラに乗ると、建物と建物の間の狭い運河をゆっくり進む。マルコ・ポーロやモーツァルトに関係のある家があったり、洗濯物があったり。窓を開けて顔を出す体格の良い女性たち。橋の下を通るときに手を振る観光客、その笑顔。ベネチア観光の魅力の一つだ。

ベネチアのまち歩きは楽しい。運河に沿った道、建物と建物の間の幅が一mほどしかないような道、実にさまざまな道がある。まち全体が迷路のようだ。要領がわかってくると、建物の角に付いた案内標識を頼りに、意外とスムーズに歩けるようになる。だから、気の向くままに、ブラブラ歩いてみるのがよい。行き止まりだったり、広場に出たり、「さて、どちらに行ってみようかな」と、考える。これが、運河やカーニバルだけではない、ベネチアの楽しみ方の一つだと思う。

トレド ― スペイン

中世のまち並みが残る、スペイン有数の観光地

タホ川の対岸からトレドを展望

トレドの見かたと歩きかた

一九八六年に世界文化遺産に登録されたトレドの旧市街は、城壁に囲まれた中世のまち並みをいまに残す、スペイン有数の観光地である。イベリア半島を東から西へ流れるタホ川が大きく蛇行する、東西南の三方を川に囲まれた高台一帯に、トレドの旧市街は広がる。その全景を、タホ川の南側、左岸の高台にある展望所から、タホ川越しに眺めることができる。中央の塔がゴシック様式の大聖堂・カテドラル。右手に見える、城のような大きな建物はアルカサルだ。

この眺めを堪能してからまち歩きを始めたい。これが、トレド観光の流儀である。

旧市街の中心に位置するカテドラルは、スペインのカトリック教会の総本山。八ユーロの入場料を払って、日本語のイヤホンガイドを聞

きながら、カテドラル内を見学した。

カテドラルからコメルシオ通りを北東へ数分歩くと、ソコドベール広場に出る。レストランや観光客相手の店に囲まれたこの三角形をした広場が、このまちでもっともにぎわう中心部だ。公園に置かれたベンチの背もたれのタイル絵には、トレドの風景やそこに暮らす人々の姿が描かれている。

観光客に人気のある、列車をまねた連結自動車・ソコトレインも、ここから出る。座席は四人掛け七列で、二両編成。旧市街の外側を四五分で一周する。途中、タホ川対岸の展望所にストップするので、

観光自動車・ソコトレン

カテドラル　この塔はどこからもよく目立つ

これに乗ると旧市街の全景を眺めることもできるのだ。料金は五・一ユーロ。二〇一三年の三月初めに、昼そして夜と二度乗り、久しぶりに見るトレドの旧市街の眺めを堪能した。

ソコドベール広場から南へ上り坂の道を歩いて数分、アルカサルの向かいの路地を入った所に、「カルロスV」という名の三つ星ホテルがある。今回の旅では、ここに三泊した。決め手はロケーションのよさ。しかも、静か。トレド初日の夜、ホテルのレストランでラマンチャワインを飲みながら食べたパエーリヤ、それに、新鮮で品数豊富な朝食。料理も申し分なかった。

トレド旧市街の案内標識

地図がいらないまち歩き

夕食後、大粒の玉砂利が敷き詰められた狭い路地の坂道を歩く。トレドのまち歩きに地図はいらない。おおよその位置関係を頭に入れておけば十分だ。道に迷ったと思っても、気にすることはない。路地を歩いていると、パッとカテドラルが現れ、それが、目印になる。街角の案内標識には、必ずソコドベール広場の名が書いてある。ただ気の向くままに歩く。そして、気になる店があったら迷わずに入ろう。

バルでワインを立ち飲み。

店の外に書いてある定食のメニューを見て、ローカルレストランで食事。前菜に、メインのローストチキンに、赤ワインをグラス一杯、そしてデザートのアイスクリーム。これで一〇ユーロだ。

これも、トレド観光の魅力の一つである。

路上空間を利用したオープンカフェ

トレドといえばエル・グレコ

さらに、トレドといえば、何といっても、スペインを代表する画家・エル・グレコの作品がまちじゅうに存する所。ギリシャ生まれのエル・グレコは、トレドにやってきて以来、四〇年近くもの長い間滞在し、数々の傑作を残したのである。

一六世紀半ば、国王フェリペ二世が首都をマドリードへ移すまで、トレドはこの国の首都だった。首都がマドリードへ移ってから十数年たったころ、エル・グレコがこのまちにやってきた。エル・グレコの家（エル・グレコ美術館）二階奥の部屋に、ある一枚の絵が展示されている。

この絵には、北の方向から見た一六世紀当時のトレド市の全景が描かれている。中央にカテドラルの塔。その右手に、アルカサ

エル・グレコの家・美術館

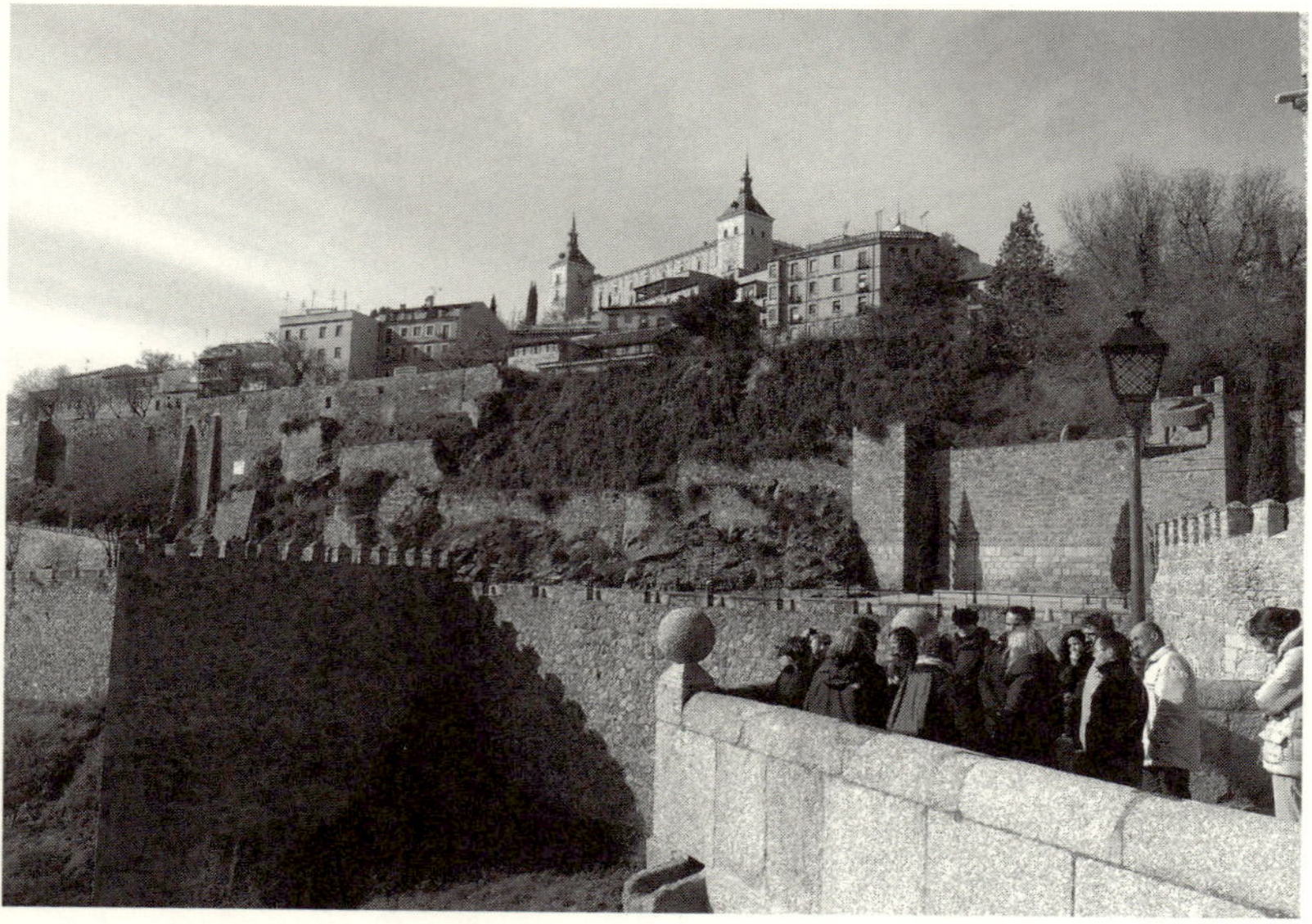

アルカンタラ橋からの眺め

ル。絵の左端の中ほどに、タホ川に架かるアルカンタラ橋。手前の建物は、タベラ病院である。エル・グレコの息子と伝えられる少年が手に持っているのは、一六世紀のトレドの地図だ。同じ部屋の、絵に向かって右手の壁に、一六世紀のトレドの古地図も展示されている。エル・グレコの絵、そして、絵の中の地図と壁の古地図。この二枚の地図を比べて見たときの、感動。何度見ても、いいな~と思う。

サンタ・クルス美術館の中庭に面した回廊

このエル・グレコの絵に描かれているアルカンタラ橋からサン・マルティン橋まで、二つの古い石の橋の間、旧市街の端から端までを歩いた。アルカンタラ橋の上から旧市街を眺めた後、サンタ・クルス美術館で中庭を取り囲む格子天井のある回廊を歩き、ここでもエル・グレコの絵を鑑賞した。

トレドは、スペインの首都・マドリードから南へ約七〇km、車で一時間の距離にある。そのため、マドリードに宿泊して、日帰りでトレドへ一日観光で出かけることも可能だ。しかし、それではもったいないというもの。せっかくのスペイン、それもトレドへ行くのなら、ぜひとも、この魅力あふれるまちに泊まって、たっぷりとまち歩きを楽しみたい。

ドレスデン ── ドイツ

復興した古都の〝変わらないこと〟の魅力

再建されたフラウエン教会

ドイツ東部の古都、ドレスデン。市の中心部にある、二〇〇五年に再建されたフラウエン（聖母）教会に入る。長い歴史を経て、古く、くすんで、ほの暗い──そんな古色蒼然《そうぜん》としたヨーロッパの教会を見慣れていたせいか、フラウエン教会に入った瞬間、その華やかさに圧倒された。そして、円形のバルコニーやパイプオルガンを見たときには、まるでコンサートホールにいるようだった。

再建されたフラウエン教会

支柱も壁もクリーム色、バラ色、ブルーにグリーンの色調で、一八世紀の華やかなバロック時代の様相が、そのままに再現されていた。

床の石は平らで、まったく磨り減っていない。その上を歩いたときに感じた、若干の違和感と驚き。座席の木も新しい。
「教会というのは、できたばかりのときはこのような状態だったのだ」ということを実感した。

興廃の歴史

アウグスト強王の金の騎馬像

ドイツ東部の古都ドレスデンは、チェコとの国境に近いエルベ川沿いに位置する人口五〇万人余りのまちである。旧ザクセン王国の首都だったドレスデンは、一七世紀末に即位したフリードリヒ・アウグストⅠ世（アウグスト強王《きょうおう》）の時代には芸術や文化の都として、ヨーロッパ全土にその名を轟《とどろ》かせていた。

エルベ川右岸、プラタナスの広い並木道・ハウプト通りの南端にあるノイシュタット・マルクトに建つ騎馬像、一〇二mもの壁画「君主の行列」に登場するマイセン磁器でつくられたタイル絵の騎馬像。いまでもドレスデンにおけるアウグスト強王の存在感には大きなものがある。

明治時代に医学を学ぶためドイツに留学していた森鷗外《おうがい》は、ベルリンを舞台に『舞姫』を、そしてここドレスデンを舞台に『文づかい』を書いた。

マイセン磁器によるタイル絵「君主の行列」

マイセン磁器の壁タイルに描かれた君主の行列、アウグスト強王の姿

エルベ川左岸に広がる塔のある建物や宮殿のある旧市街を歩いていると、まるで中世の時代に迷い込んでしまったかのような気持ちになる。しかし現在このまちで見られるこれらの建物の大部分は、森鷗外が歩いた当時のドレスデンのまちとは違って、第二次世界大戦後に再建されたものなのである。

エルベ川の対岸から見たフラウエン教会、旧カトリック・ホーフ教会

大戦末期、一九四五年二月一三日深夜から一四日にかけて、英米軍によって実施されたドレスデン大空襲により、市内中心部の建物は壊滅的なまでに破壊された。

ツヴィンガー宮殿は戦後まもなく再建され、その後ゼンパーオペラ、三位一体《さんみいったい》大聖堂（カトリック旧宮廷教会）などが再建された。しかし、市の中心部にあって、ドイツ有数の規模のプロテスタント教会だったフラウエン教会の再建に着手したのは、東西ドイツ統一後の一九九四年五月になってからのことである。

瓦礫《がれき》の山から拾い集めた一〇万個以上の破片を可能なかぎり元の場所に戻すという難工事の末に、一一年の年月を経て完成した。

教会を外から見ると、外壁に使用された石の色に違いがあるのがわかる。白い石の間に点在する黒い石は、破壊される前のオリジナルの石なのだ。何年かたつと、白い石も、みな同じような黒

ツヴィンガー宮殿

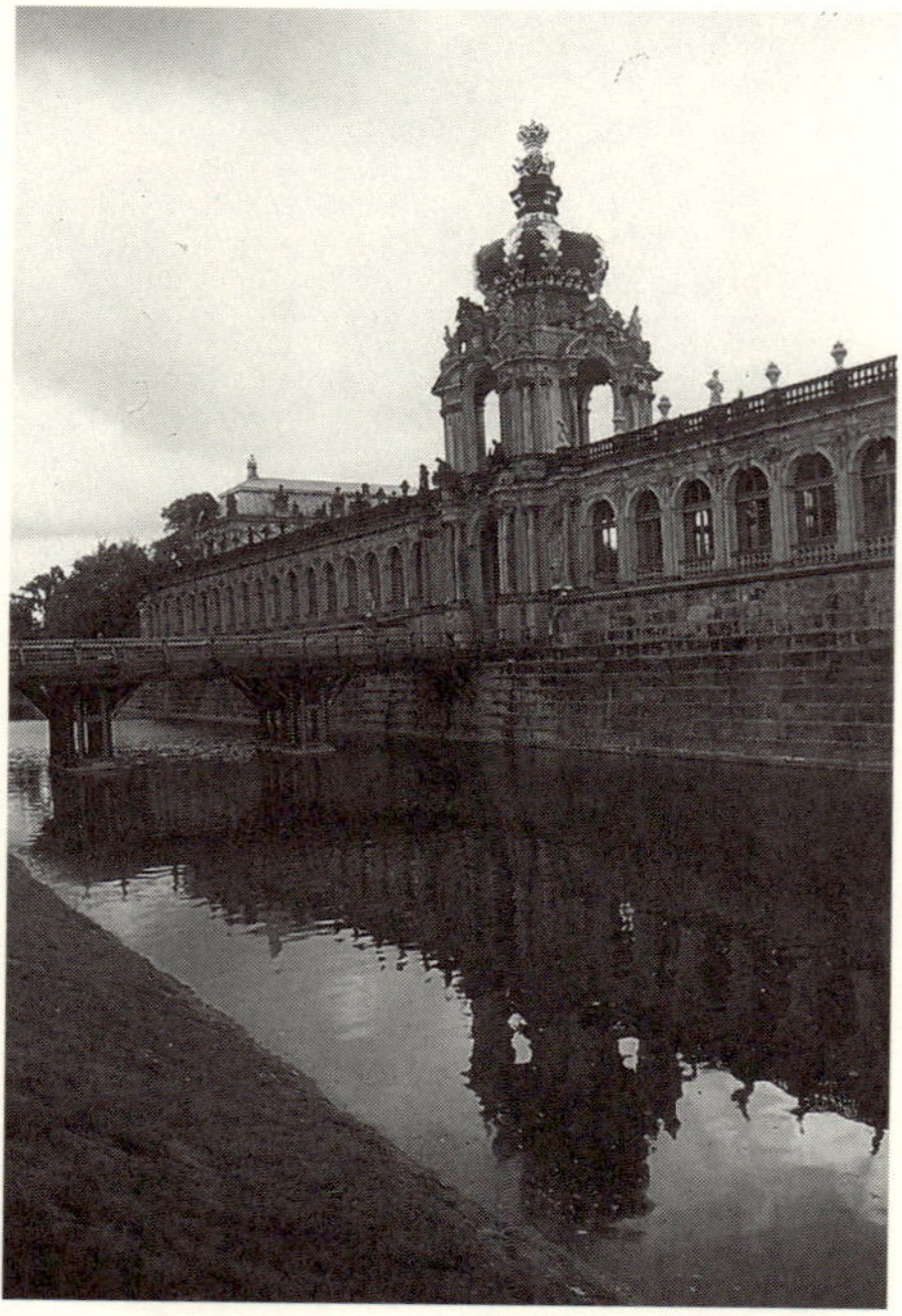

ツヴィンガー宮殿の王冠の門

ずんだ色になり、違和感はなくなっていくのである。

文化的景観は不変

エルベ川にテラスのように張り出した遊歩道、ブリュールのテラスを何度も散歩した。ここは、市民の憩いの空間。散歩の後、テラスのカフェで一杯飲むのがまたいい。

川岸に下りると、遊覧船の船着場がある。ヴァイセフロッテ(白い艦隊)の愛称を持つこの遊覧船は、一七〇年以上にわたって運行している、ドレスデンを訪れる観光客に人気のある、世界最古の蒸気観光遊覧船である。

エルベ川はゆるやかに蛇行しながらドレスデン市内を流れている。南西方向に向かっていたその流れが、旧市街の中心部辺りで北西方向に流れの向きを変える。

ブリュールのテラスから見る風景、エルベ川右岸・アウグストゥス橋の下流側から見たドレスデン旧市街の風景はよく知られている。だが、アウグストゥス橋の一つ上流側に架かるカローラ橋の上から見る旧市街の日没の風景、これもまたお勧めの風景である。

エルベ川の遊覧船

市内を走る路面電車

ドレスデン市内を走る路面電車にもよく乗った。旧東ドイツに属していたドレスデンは、西側に比べモータリゼーションが遅れ、路面電車が廃止されずに残った。いま、それが、観光都市ドレスデンの魅力の一つになっている。

美術館のアルテマイスター絵画館に、「この絵が見たくてドレスデンに来た」という人がいるほど観光客に人気の絵がある。絵の下に二人の天使が描かれているラファエロの『システィーナのマドンナ』である。フェルメールの作品も二点ある。

二〇〇四年、歴史的建造物が残る文化的な景観が評価され、「ドレスデン・エルベ渓谷」が世界文化遺産に登録された。それが、二〇〇九年、世界遺産リストから登録抹消された。

理由は、交通量の増加に対応するため、エルベ川に橋を架けることになったからだ。だからといって、ドレスデン観光の魅力が減ったかといえば、そんなことはない。ドレスデンは、今後ますます観光客にとって人気のデスティネーションになっていくに違いない。

ドゥブロヴニク ―― クロアチア

バーナード・ショーが絶賛した旧ユーゴの「天国」

まちの北側を守る砦だったミンチェタ要塞

ユーゴ内戦を経て復旧

クロアチア南部・アドリア海に面したドゥブロヴニクは、一三世紀に共和制の自治都市となって以降、何度か宗主国を変えながらも、独自の立場での自治を保ち、地中海交易の拠点として繁栄してきた。ノーベル文学賞を受賞したイギリスの劇作家・バーナード・ショーが、一九二九年にこのまちを訪れたとき、「ドゥブロヴニクを見ずして天国を語るなかれ」と言った、という話が伝えられているほど、魅力あるまちとしての歴史もある。

いま、このまちは、世界一周のクルーズ船が訪れ、旧市街を世界中の観光客が歩く。クロアチア南部を代表する、いや、旧ユーゴスラビアを代表するといってもよい、世界的に人気のある観光都市だ。

苦難の歴史もあった。なかでも、一九九一年に勃発《ぼっぱつ》したユーゴ内戦

スルジ山から見るドゥブロヴニクの旧市街全景

のことは記憶に新しい。この年の六月、当時属していたユーゴスラビア連邦からの独立を宣言したクロアチアは、セビリアを中心とするユーゴ連邦軍と戦うことになった。

一九七九年に世界文化遺産に登録されたこのドゥブロヴニクの旧市街も、一九九一年一二月にユーゴ軍の激しい爆撃を受けた。その結果、まちの七割程が破壊されるという壊滅的な被害を受け、危機遺産リストに登録されることになってしまった。

しかし、内戦が終結すると、すぐに復旧活動が始まった。破壊前と同じ石材を使い、壁の彫刻も元のままに修復し、いまある姿を取り戻すことができたのである。そして一九九八年、危機遺産リストから削除されたのだった。

旧市街をメインストリートに沿って歩く

二〇一三年の九月、そんなドゥブロヴニクのまちを歩いた。旧市街への入り口は、西の門・ピレ門。ドゥブロヴニクの守護聖人・聖ヴラホ像を見上げながら、ゴシック様式のピレ門を通り抜けて、左へカーブした道を歩いていくと、城壁に貼られた二枚の地図が目に入った。旧市街の地図、それに、詳しい説明が書かれた爆撃を受けた地点を示す地図である。

立ち止まり、熱心にその地図を見る観光客。こういう歴史の現実を理解したうえで、ここまでみごとに復興させたいまのこのまちを見てほしい――。そんな強い意気込みのようなものを感じる。こうして観光で訪れることができることはありがたいことだ。観光はまさに、究極の平和産業なのだと再認識する。

オノフリオ大噴水

旧市街に入ると、すぐ左手に、フランシスコ会修道院。その前に大きな井戸のような形の、オノフリオ大噴水がある。一五世紀半ばにつくられて以来、水が絶えることがなく、いまでも現役。この蛇口を開いて水を汲《く》んでいる人がいる。

そこから真っ直ぐ東に伸びるストラドゥン大通りが、このまちのメインストリートだ。全長三〇〇ｍのこの通りの突き当たりには時計塔、その手前の広場はルザ広場である。

ストラドゥン大通りを歩いていくと、どの店も間口の広さが同じで、正面がカウンターのようになっていて、同じ形をしていることに気づく。

この通りの左手には、狭い路地や石畳の急な石の階段の道が何本も北へ伸びている。

この路地歩きが楽しい。城壁の上を歩くこともそうだが、それがドゥブロヴニク旧市街のまち歩きの大きな魅力である。坂道の途中には、アクセサリーや刺繍《ししゅう》、絵はがきなどを売るみやげ物屋が並び、その道と交差する平らな道にはカフェやレストランが並んでいる。

ルザ広場に、右手に剣を持った騎士・オーランドの像が彫刻された、旗の掲揚台が建っている。「市の自由と独立を祈念して一四一九年に造られた」と、現地で買ったガイドブックに書いてある。この像の周りを、クルーズ客の団体が取り囲んでいた。その女性ガイドの英語の説明に耳を傾けると、「このまちでは、この騎士の右腕のひじから先の長さが長さの基準になっていて……、下の台座に引いてあるこの線の長さと同じです」とのこと。団体客が去った後に台座を見ると、

中央大通りストラドゥン、突き当りに時計塔

スケール替わりの（?）オーランド像

五〇㎝ほどの長さの線が刻まれていた。

この像の後ろに聖ヴラホ教会が建っている。その奥に、ドームのある大聖堂。大聖堂を背に北の方向を見ると、右手に市の鐘楼《しょうろう》と時計塔が、その左手のスポンザ宮殿の上にスルジ山が見える。望遠レンズで鐘楼の中を見て、緑色の鐘《かね》をつく男の像を撮る。大聖堂の奥の路地を歩くと、爆撃によって破壊されたときの写真を展示してある建物があった。

瓦の色が二色であるわけ

ロープウエーに乗って、スルジ山の展望台に上り（料金は九四クー

城壁の上を歩くおおぜいの観光客

ドームを持つ大聖堂

ロープウエーに乗って、スルジ山に上る

ナ（一クーナは約一八円）、旧市街の全景を楽しんだ後、旧市街を取り巻く城壁をぐるりと歩いて回った。

城壁から見えるオレンジ色の屋根瓦《がわら》の色が二種類ある。被害に遭わなかった屋根に比べ、修復した新しい屋根瓦のほうが、鮮やかなオレンジ色をしているのだ。〝オレンジ〟といえば、城壁を歩いてアドリア海の紺碧《こんぺき》の海を眺めた後、城壁の上にある店で飲んだ搾《しぼ》りたてのオレンジジュースはうまかった。

このまちの新港には、つねに大型のクルーズ船が停泊し、世界中から観光客がやってくる。郊外には滞在型の高級リゾートホテルもある。今後も、ドゥブロヴニクは、世界を相手にした、歴史あるリゾート観光都市として、ますます発展していくに違いない。

バーデン —— スイス

"温泉"を多面的に活用する観光地

リマト川に沿った温泉地、バーデン

ヘルマン・ヘッセゆかりの宿にチェックイン

ぼくの住む千葉県には、養老渓谷をはじめ、たくさんの温泉がある。だが、関東近県の著名な温泉地に押されて知名度はいまひとつ。そんな千葉県にとって、参考になりそうな温泉地がスイス・バーデンだ。

バーデンは、ドイツ語で入浴を意味することば（バーデン）で、そのままの名前になった。ドイツ語圏のスイス東部、チューリヒからリマト川に沿って西へ約一六km下った所に位置する。まちの始まりはローマ時代のことで、当時はアクアエ・ヘルベチカエと呼ばれ、傷ついたローマ兵が傷の手当てのためにこの地にやってきた。

バーデンは、この国でもっとも経済活動の盛んなチューリヒから鉄道でわずか一五分という、大都市に近いにもかかわらず、静かな落ち着いたまちだ。バーデン駅を降り、リマト川に沿う道を左手に下っていくと温泉街へと通じている。ここでの宿は、バーデンを代表する歴史あるホテルの一つ、ホテル・ベーレナホフ。文豪ヘルマン・ヘッセも泊まったことがあり、ヘッセの泊まったその部屋はヘルマン・ヘッセルームと名づけられている。チェックインしてまずは、ホテルを見学。

車いすに乗ってやってきた人が室内の温泉プールに入っていく。隣り合って屋外にも温泉プールがある。泳いでいる人もいるが、ほとんどの人は温泉につかっている。温泉プールの水温は三六度。入るのは二〇分間と決められている。まずはようすを見て、入るのは後にする。

地下に降りていくと、廊下の両側にサウナやマッサージルームが並んでいる。温泉の井戸もあり、源泉の温度は四七度。手を突っ込むと、やや熱めだ。

屋外の温泉プールにつかる年配の滞在者

温泉に満たされたまち

「温泉にやってくるのはお年寄りが多く、二～三週間滞在します。若い人も来るようになりましたが、ジムで運動するほうが好きなようで、温泉につかるためにやってくる人はまだ多くありません」

と、バーデン市観光局のＡさん。その案内で、ほかのホテルも見て回ることにする。

ホテル・シュバイツァーホフでは、ジャグジーバスに若いカップルが入っていた。雑誌を読んで休んでいる人もいる。

ホテル・ブルーメは建物の中央が吹き抜けになっていて、廊下には花が置かれ、まるで温室の中に入っているように暖かい。中庭から見えるエレベーターはかなりの年代物。それもそのはず、このエレベーターは一八七二年にホテルが改修されたときに設置されたもので、スイス最古のエレベーターとのこと。

温泉を飲む設備

温泉街を歩く。そこにあるのは、直接温泉に関係するものばかり。例えば、川のそばにガラスの太い筒があった。寄ってみると、筒の中を温泉が勢いよく上がっていくのが見える。
水飲み場、と見えたのが、実は出ているのは水ではなく温泉。コップも置いてあり、誰でも自由に飲むことができる。隣には、温泉に手をつけて温めるための設備がある。年配の女性がやってきて、いすに腰掛け、腕まくりをして温泉の中に両手を入れた。「バーデンにやってきて三週間、毎日ここでこうして腕を温めている」と言う。
温泉付きのアパートもあり、温泉医療を中心としたメディカルセンターやリハビリテーション・クリニックもある。温泉医療の現場も、専門家の説明を聞きながら見学する。

「現代人は、特に重大な病気にかかってはいなくても、仕事など生活の中でストレスがたまっています。温泉はそのストレスを発散させ、リラックスするのにもっとも効果的です」

手を温めて血行を良くする

付随する楽しみ

朝六時半、朝食前にホテルカードと水着を持って温泉プールへ向かう。屋内でひと泳ぎしてから屋外へ。水温は体温よりちょっと高めかな、という程度。プールサイドに上がり出口に向かおうとすると、受付にいた若い男の係員が、大型のタオルを後ろから体全体をすっぽり包むように掛けてくれた。

部屋に戻り、三〇分ほど休んでから食堂へ行く。このホテルの本館に泊まる客は三食付きが基本だ。食堂はシャンデリアのあるゆったりとした大ホール。席も決められている。普段はラフなかっこうをしていても、夕食のときにはきちんとした身なりが必要。テーブルの上にはその日のメニューが置いてある。

別棟に泊まり、朝食のみ付いたエコノミータイプもある。また、バーデン市内には、予算に応じてさまざまな温泉宿がある。

　バーデン最後の晩、ホテルのマネージャー夫妻と夕食をともにした。白ワインを飲みながら、ワインの話でおおいに盛り上がった。

　ワインセラーは地下室にあるのが一般的だが、ここは別だ。「ホテルの下には温泉があるので、ワインを置けない」と言うのだ。もともと肉の倉庫だったという、厚い土壁に、天井の高い広い空間。「そこに、いま、三〇〇種類のワインがあります」。そのワインセラーを見せてもらうと、そこには大きな樽《たる》と、そして壁の棚にはボトルが、ずらりと並んでいた。

　ゆったりとした空間と時間。温泉を利用したメディカルツーリズム。こんな温泉地のスタイルがある。

歴史ある格式を感じさせる天井の高い食堂

肉の倉庫を改装したというワインセラー

タリン ―― エストニア共和国

旧市街観光の可能性に、大きな期待

トーンペアの丘の展望台より、まちを望む

三度目のタリン訪問

エストニアの首都・タリンを初めて訪れたのは、一九九一年八月にこの国が旧・ソ連から独立して二年後の一九九三年の夏だった。そのとき、この国の通貨はルーブルから離れて、クローンが使われていた。しかし、当時のエストニアの通貨は不安定で、人々は米ドルを欲しがり、まちを歩いていると、闇《やみ》ドル屋が声をかけてきた。まちはまだ荒れていて、「建物や道路がきれいに修復されたら、良いまちになるだろうな」と思わせる状態だった。

八年後の二〇〇一年の夏に再びタリンを訪れたときには、まちはかなり整備されてきれいになり、通貨も安定していた。その後も国を挙げての経済改革とともにＩＴ分野での開発も進み、二〇〇四年五月、ラトビア、リトアニアとともにバルト三国そろってＥＵに加盟。二〇二一年一月一日に、エストニアのみ先行して、ユーロへの通貨移行を果たした。

バルト海に面するバルト三国のうちの最北に位置するエストニアの人口は約一三〇万人。そのほぼ三分の一、四二万人が首都タリンに暮らしている。日本との友好関係も深く、その独立が旧・ソ連崩壊の引き金になったとされるエストニア。その首都がいまどうなっているのか。それを実際に見るために、二〇一四年の三月、三度目のタリンを訪れた。

ハンザ同盟以来のまち並み

タリン観光、その最大の魅力は、なんといっても、旧市街のまち歩きである。このタリンの旧市街の原型は、一三世紀にハンザ同盟（バルト海沿岸の貿易同盟）に加盟してからつくられたもの。旧市街を取り囲む延長二km弱の高く分厚い城壁。そこに、現在も残る、二五の城壁の塔。その中には、「のっぽのヘルマン」や、「ふとっちょマルガリータ」と、愛称の付いたものもある。

旧市街はトーンペア城、アレクサンドル・ネフスキー聖堂、それに大聖堂のある山の手、トーンペアの丘と、東側に位置する下町の二つの地区から成っている。

国会議事堂になっているトーンペア城

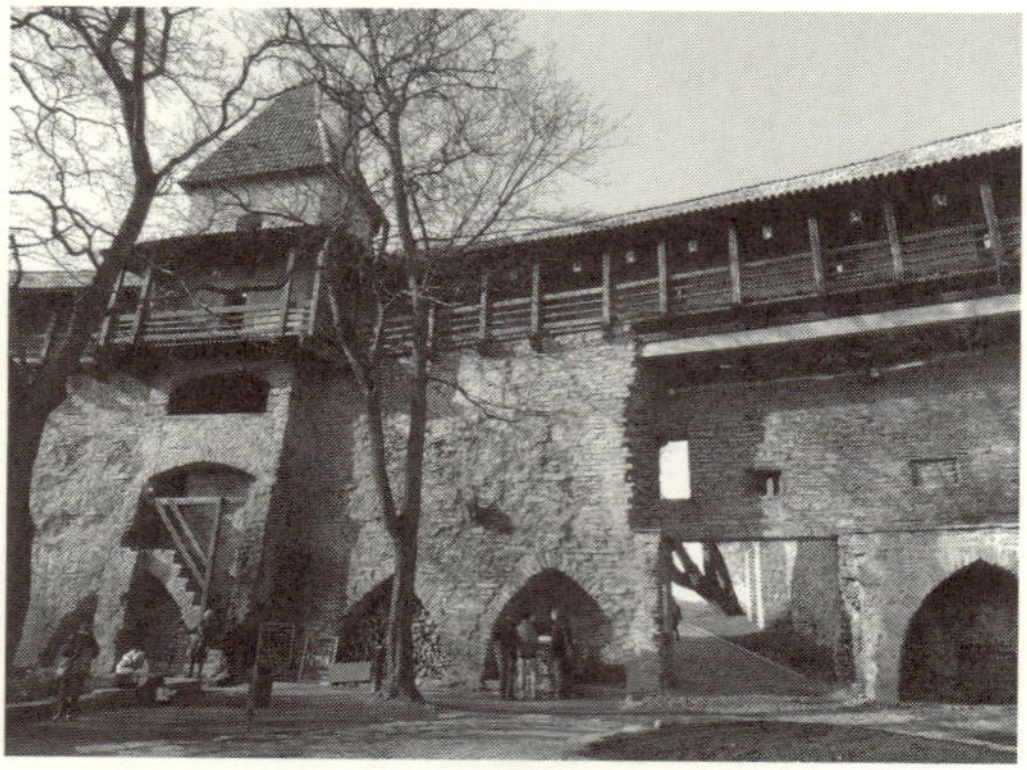

城壁は、上って歩くことができる

伝統的な衣装を着て観光客に声をかける売り子

丘の上に建つ国会議事堂としての役割を果たしているトーンペア城は、ロシアのエカテリーナ二世によって建てられたバロック調のピンクの建物で、その南西の角に建っている塔が、「のっぽのヘルマン」である。この塔の上に、日の出とともに、上から青、黒、白の三色旗の国旗が掲揚され、その時に国歌「わが祖国、わが誇りと喜び」が流れる。その南の広場に、独立を宣言した日、一九九一年八月二〇日の日付が刻まれた記念碑が建っている。

丘の上の展望台からの眺めは、必見である。ここに立つと、右から左へ、聖ニコラス教会、旧市庁舎、そしてタリンでもっとも高い聖オレフ教会の塔まで、旧市街の塔のある風景を一望の下に、眺めることができる。

丘の上と下町とは、ピック・ヤルク通りとリュヒケ・ヤルク通り、この二本の道で結ばれている。どちらも、観光客に人気の魅力ある道だ。

まち歩きの途中、店をのぞいたときや人とすれ違ったとき、「テレー」。これがタリンでの朝のあいさつ。しかも、昼も夜も、使える。エストニアを旅するときにこれは便利なことばだ。

タリンでの宿は、旧市街を取り囲む城壁の東の門、新市街から旧市街に入るのにもっとも便利なヴィル門のすぐそば、タムッサーレ公園に面した高層のヴィルホテル。ロケーションのよさで選んだこのホテルの一〇階の通路からは、ヴィル門とそのバックに、旧市街の塔の数々を、東の方向から一望できる。

このホテルにはショッピングセンターも隣接していて、専門店のほか、スーパーマーケットもある。実際に買い物を体験。これも旅の楽しみのひとつだ。チキン、総菜売り場は、注文する前に、まずはボタンを押して番号の書かれた紙を入手。その番号が電光掲示されたら、その紙を持って担当の店員に注文する。チキン、総菜、パスタなどは量り売り。金額を書いてもらいそれらをかごに入れてから、店内のほかの売り場を回って、チーズ、パン、瓶ビールなどを購入した。

趣のある建物を巡る

ホテルを出て広場を抜け、花屋の前を通って、ヴィル門から旧市街へ入ると、すぐ角にマクドナルド。旧・ソ連からいち早く西側入りしたエストニアらしい風景といえるかもしれない。ヴィル通りを西へ歩いていき、旧市街の中心地、ラエコラ広場に出る。

旧市街を行くトーマス号

味わい深い路地、聖カタリーナの通路

15世紀に建てられた集合住宅「三人兄弟」（手前）と聖オレフ教会

15世紀に建てられた商家「三人姉妹」は、今ホテルになっている

この広場の南に建っている塔のある建物が、旧市庁舎。この塔の上のてっぺんに立っているのが、「トーマスおじいさん」と呼ばれる風見《かざみ》。この広場から、旧市街を走る観光自動車「トーマス号」は出発する。広場の北東の角に、蛇の看板のある、現役ではヨーロッパ最古といわれる、市議会薬局がある。

聖霊教会の壁時計、ギルドの建物、ブラックヘッドの会館などを見て、ピック通りを北へ歩いていくと、聖オレフ教会の先に、「三人姉妹」の愛称が付いたホテルが建っている。その先、旧市街の北の門が、「ふとっちょマルガリータ」である。城壁の上を歩き、城壁にへばりついたような小さな店をのぞく。

博物館巡り。カタリーナの通路をはじめとする路地歩き。タリンは、気ままに、どんな歩き方をしても楽しい。それが、このまちの観光の大きな魅力である。観光は、今後ますますこの国の経済にとって大きな役割を果たすに違いない。

リトアニア共和国

日本との友好が進む、身近になった遠い国

ネリス川のほとりに杉原千畝の記念碑

「日本のシンドラー」ゆかりの地

「日本のシンドラー」と呼ばれる男がいた。故・杉原千畝《ちうね》氏である。一九三九年九月に第二次世界大戦が勃発、その二か月後、リトアニアの古都・カウナスに日本領事館が開設され、杉原氏が領事代理として赴任。その翌年の六月にリトアニアは旧・ソ連に併合された。

ナチスドイツに占領された隣国・ポーランドから逃れてきたユダヤ人にとって、生き延びる唯一の手段は、ソ連を通って日本にたどり着き、日本を経由してアメリカなど第三国へ行くことだった。

日本への通過ビザの発給を求めてやってくる何百人もの人々。それを見て杉原氏は、本国外務省の意向に反してまでも、人道的な立場からビザを発給した。カウナスにある杉原記念館の案内パンフレットに、「一九四〇年七月から八月にかけて、外交官は日本領事館で一日一八

時間働き、二一三九通の手書きのビザを発給したのです」と書いてあり、六〇〇〇人近い人々が、このビザを使って亡命し、命を救われたといわれている。

　杉原氏のことを知り、カウナス郊外の住宅地に建つ旧・日本領事館だったという民家を初めて訪れたのは、一九九三年のことだった。そのとき、その庭のリンゴの木に実がなっていたことを覚えている。

　その後、一九九九年に「杉原『命の外交官』基金」が設立され、二〇〇〇年、カウナスの旧・日本領事館跡に杉原記念館が設立された。二〇〇一年の夏、この地を再訪し記念館を訪れた。そして、二〇一四年の二月末、この地を三度《みたび》訪れ、新たに加わった一五分ほどの映像展示を観た後、以前に比べてかなり増えて充実した展示品の数々を見た。

　杉原氏の偉業をたたえ、首都・ヴィリニュスの高層ビジネスビルが立ち並ぶネリス川の辺《ほとり》に記念碑が建てられた。ここには、リトアニアをご訪問された際、天皇皇后両陛下も訪れている。

杉原記念館

文字どおりの〝パノラマ〟ホテル

一九九三年に初めてリトアニアを訪れたとき、この国は遠かった。モスクワのベラルーシ駅から夜行列車に乗って、首都・ヴィリニュスに行ったのだ。二〇〇一年、二度目のときは、サンクトペテルブルク（ロシア）から陸路南下した。三度目のときは、成田からフィンランドの首都・ヘルシンキまで飛び、ヘルシンキから空路、ヴィリニュスに入った。

ヴィリニュスの空港に着いて、売店のショーケースを見ると、琥珀《こはく》が並んでいたが、以前に比べると、「安い」という感じはしない。最初にこの国を訪れたとき、その当時は日本に比べかなり安かったこともあって、いくつも買ったものだ。

空港から旧市街までは、五kmと近い。宿は、駅前広場に面したパノラマホテルをとった。客室の窓からは、聖テレサ教会、王冠を戴く聖カジミエル教会、ゴシック様式の聖アンナ教会、塔の上にリトアニアの国旗を掲

旧市街のパノラマ

琥珀を見る観光客

ゴシック様式の聖アンナ教会

げるゲディミナス塔、大聖堂の鐘楼……と、文字どおりパノラマが広がる。

さっそく、旧市街を散策する。ホテルから左へ歩いていき、「夜明けの門」を通ると旧市街だ。ヴィリニュスの城壁は、旧市街の南にほんの一部残るだけ。九つあったという城門も、いま残っているのは、夜明けの門のみだ。ロシア帝政下、城壁が破壊されたため、旧市街と、新市街を分ける城壁も残っていない。そのため、境界ははっきりしないが、夜明けの門を通り抜けて、北へ歩き、ピリエス通りを抜けて、大聖堂のあるカテドラル広場まで——。これが、いわば、旧市街のメインストリートだ。この旧市街は、一九九四年、ユネスコの世界文化遺産に登録されている。

友好関係が進む日本とリトアニア

ホテルの前の駅前広場を、トロリーバスが走っている。右手を見るとショッピングセンターがあり、二階のスーパーをのぞくと、クロワッサンが、一リタス程度。日本円では、約四〇円見当だ。かなり大きな容器に入ったヨーグルトは二・九九リタス、一六個入りチョコレートは五・九九リタス、など。相対的に生活必需品は安い。

ヴィリニュスに唯一残る城門、夜明けの門

夜明けの門２階にあるみごとな聖母のイコン

ノアの方舟をイメージした、聖ペテロ＆パウロ教会のシャンデリア

路地を歩いていると、まだ昔のままのビルが残っている。旧・ソ連からの独立後、二〇年以上も経っているのに、未修復の建物もあるのだ。

聖ペテロ＆パウロ教会の内部には、マグダラのマリア像や、太陽と月を持った天使の像など二〇〇〇体もの漆喰《しっくい》彫刻が施されている。天井からは、ノアの方舟《はこぶね》をイメージしたシャンデリアがぶら下がっている。

大聖堂の前に建つ高さ五三ｍの鐘楼《しょうろう》の基礎部分には、一三世紀の城壁の塔が使われている。鐘楼近くのオレンジ色の敷石は、かつて城壁があった場所を示している。そばに、一枚の敷石。一九八九年の「人間の鎖」の記念のものだ。「時計回りに三回まわりながら、願いごとをすると、かなう」という「都市伝説」も聞いた。

天皇皇后両陛下がこの国を訪れたことで、多くの国民が日本に対して親近感を持つリトアニア。日本とは時間距離も、短くなった。近年は両国での学術や文化交流も盛んになっている。観光の面はもちろん、さまざまな分野において、日本との関係が今後ますます注目される、目が離せない国だ。

リガ ── ラトビア共和国

多様な歴史が入り組むバルト三国最大の都市

よみがえったアールヌーヴォー建築群

ラトビアの首都・リガは、人口約七〇万人で、バルト三国最大の都市である。市の中央を南から北へ流れるダウガヴァ川と、その右岸にあたる東側、ピルセータス運河とに囲まれた地区が旧市街で、一九九七年に「リガの歴史地区」として、世界文化遺産に登録された。

アルベルト僧正を刻んだステンドグラス

一三世紀初め、ブレーメンの僧正・アルベルトがここに上陸し、要塞《ようさい》を築き、ドイツ人によるバルト支配の拠点となった。一三世紀末にハンザ同盟に加盟し、ハンザ同盟の港町として経済活動も盛んになっていった。旧市街には、その頃建設された教会や商家などの歴史的な建物が数多く残っている。

リガの魅力は、この旧市街に残る歴史的な建物の数々、それに、運河の東側の新市街に残るアールヌーヴォー様式の建築群である。このまちを実際に歩いてみると、「バルト海の真珠」と讃《たた》えられる港町だったり、「ドイツよりもドイツらしいまち並み」と評されたり、かつて「バルトのパリ」と呼ばれていたりしていたその面影を思い、納得することになる。

パリ、ウィーン、プラハ、ブダペスト、タリンなど、アールヌーヴォー様式の建築物をヨーロッパの各地で見てきたが、二〇年ほど前に初めて、リガの新市街・アルベルタ通りとエリザベテス通りを歩いて、この建物群を見たときの感動はいまでも覚えている。そのとき傷《いた》んでいた建物も、現在ではかなり修復が進み、よみがえった、ヨーロッパで花開いた新建築様式の当時の華やかな姿を、二〇一四年の三月、リガで見ることができた。

新市街から旧市街へ八〇〇年のタイムスリップ

二〇世紀初めのピーク時には「一年に一五〇〇軒も建てられ、他の都市には見られないほどの建築群を形成しました」と、ラトビア政府観光局の日本語パンフレットに書いてある。その中心となったのが、建築家のミハイル・エイゼンシュテイン（一八六七〜一九二一年）である。

赤タイル付きの柵《さく》のようなファサードのあるアルベルタ通り二a番地の建物、シンメトリーのファサードの最上部に二匹のライオンと三つのメドゥーサ（ギリシャ神話の怪物）のあるアルベルタ通り四番地の建物、最上部のデフォルメされた人物の顔が目立つエリザベテス通り一〇b番地の建物など、エイゼンシュテイン設計のいろいろな建物を見た。

アールヌーボー建築が並ぶアルベルタ通り

エリザベテス通り10ｂ番地の建物の最上部にある、デフォルメされた人の顔

市庁舎の向かいに建つブラックヘッドの会館

館の上に、背伸びする猫の像が…

　このときのリガ観光の一番の目的はこれらの魅力的な建物の現在の姿を見ることだったが、その期待に十分満足する旅となった。ちなみに、映画『戦艦ポチョムキン』で有名な映画監督セルゲイ・エイゼンシュテインはこの建築家の息子である。

　エリザベテス通りから、交差するブリーヴィーバス大通りを旧市街の方向に歩いていくと、正面に、一九三五年にラトビアの独立を記念して建てられた、塔の上に女性ミルダ像が立つ、高さ五一ｍの自由の記念碑が建っている。

　記念碑の基部に刻まれた「祖国と自由のために」という文字を見てから、かつて堀だった運河を渡り、旧市街のカリチュ通りを西へまっすぐ歩いていく。すぐ右手に現れるリーヴ広場の北側に、かつてラトビアの商人が住んでいた建物の屋根の上に背伸びする猫の像が見える。その左手、広場に面して、白い小ギルドの会館が建っている。

市庁舎広場の中央にはリガの守護神聖・ローランドの像が建っている。その像を挟んで、再建された市庁舎と向かい合うように、華やかなブラックヘッドの会館が建っている。この建物はリガの創設八〇〇年を記念して再建されたもので、ファサードの上のほうに、月、日、時間、それに月齢を刻むブルーの大時計が掲げられている。その時計の下に、四つのハンザ都市（リガ、ハンブルク、リューベック、ブレーメン）の紋章の浮彫《うきぼり》が並び、その下に、ギリシャ神話の神々の像が並んでいる。

EU加盟を機に観光業が活発化

リガとドイツのブレーメンとは姉妹都市の関係にある。ブレーメンといえば「ブレーメンの音楽隊」。ロバの上にイヌが乗り、その上にネコが乗り、一番上にニワトリが乗っている。そんなブレーメンの音楽隊の銅像が、ブレーメンのほかに、もう一つ、ここリガにも建っているのだ。

この銅像のロバの前足を撫《な》でながら願いごとをすると、願いがかなうと信じる観光客が多く、その前足は光り輝いている。よく見ると、この銅像、前足だけでなく、ロバの鼻と犬の鼻の部分も、光り輝いていた。

大聖堂が面して建つドゥアマ広場には、「リガの歴史地区」世界遺産登録記念のプレートが敷いてある。大聖堂は僧正・アルベルトによって一二一一年から建設が始まったもので、現存するバルト三国最古の建築の一つ。パイプオルガンが有名で、リガの歴史やアルベルトを刻んだステンドグラスなどもある。

ラトビアは二〇〇四年にEUに加盟し、通貨も旧来のラッツに代わって二〇一四年の一月一日、ユーロに変わった。外資系ホテルの参入や観光客の増加など、近年は観光業が活発化してきており、リガの旧市街を中心に観光業の果たす役割が今後ますます重要になってくるものと思われる。

ブレーメンの音楽隊の銅像

ドゥアマ広場の世界遺産記念のプレート（手前）
大聖堂（奥）

ストラスブール —— フランス

交通の要衝に築かれた独自の歴史と文化

まち歩きの目印はノートルダム大聖堂の尖塔

パリの東駅を午前八時二五分に出発した高速列車、ＴＧＶ二四〇七号は、二時間二〇分後、フランス東部アルザス地方の中心都市ストラスブールに到着した。

１本の塔が天に伸びるノートルダム大聖堂

二〇一五年二月二八日、ストラスブールの天気は、晴れ。この時期としては、これ以上望めない、そんなすばらしい天気だった。駅とまちの中心部とは新型路面電車のＬＲＴで結ばれているが、まずはいつものように、歩き始める。

駅から東へ約五〇〇ｍ、イル川に架かるキュス橋を渡って、旧市街に入る。

正面に見える塔が、ノートルダム大聖堂の尖塔《せんとう》だ。高さ一四二ｍのこの一本の尖塔は、ストラスブールの

グーテンベルク像　手に持つのは旧約聖書

シンボルで、まち歩きのときの目印になる。

そのまままっすぐ、「一一月二二日通り」を旧市街の中心部へ向かって歩いていくと、左手に、クレベール広場が現れる。

そこから、映画館や商店、オープンカフェなどが立ち並ぶにぎやかな通りを進むと、右手に、グーテンベルク広場。広場の中央に立つのは、印刷技術を発明したグーテンベルク像。手に持っているものに書かれているのは、「そして、そこに光が現れた」という旧約聖書の一節だ。

国境のまち

ストラスブールの歴史は、ライン川の支流、イル川の中州に古代ローマ軍が駐屯地を築いたローマ時代に始まる。

フランス国内でパリに次ぐ重要な河港《かこう》を持つストラスブールは、その後ヨーロッパの十字路として、人や物資の行き交う交流都市として、発展していった。と同時に、アルザス地方独自の文化をも育んできた。

このストラスブールというまちの名は、ドイツ語で「街道のまち」を意味することば。過去には戦争により国境線が何度か移動し、ドイツ領だったという歴史もある。

ドイツとの国境に近いこのまちには、現在、ＥＵ（欧州連合）の本会議場があり、日本のテレビのニュースや新聞の記事の中にも、ストラスブールの名を見かけることが多くなった。フランスとドイツを中心に設立されたテレビ会社・アルテの本社も、ここストラスブールにある。

また、マリー・アントワネットがフランス王ルイ一六世の妃《きさき》になるためオーストリアのウィーンからやってきたとき、フランス国内で最初に宿泊した場所が、ストラスブールのイル川に面して建つロアン城だった。いま、そこはルーベンスやルノワールなどの絵を展示する美術館となっている。

ヴォーバン・ダムの最上階にある展望台からの眺めは必見

さて、グーテンベルク広場から、角に木組みの家が建つメルシェール通りを歩いていくと、正面に現れるのは、先ほど見えた、まち歩きの目印である一本の尖塔が天に向かって伸びる、ノートルダム大聖堂である。

大聖堂に入って最初に見るのは、ファサードのバラ窓だ。晴れた日の午後、西日を受けたステンドグラスのその美しい姿は、みごと。

大聖堂のすぐ前、まちの真ん中にあるカテドラル広場に面するオープンカフェで、現存するヨーロッパ最古の薬局の一つ、一六世紀に建てられた「シカの薬局」や、中世の商家「カンマーツェ

カテドラル広場に面した中世の商家・カンマーツェルの家

イル川と遊覧船

ルの家」を眺めながらひと休み。

露店の並ぶ旧市街グラン・ビルの路地を行き、マルシェ・オー・ポワソン広場にあった遊覧船への案内表示に従って歩き、イル川遊覧船の切符を買う。料金は一二・五ユーロ。ここでの支払いはクレジットカードのみで、現金はだめ。

観光客に人気のイル川遊覧船に乗って、一時間、旧市街をぐるりと時計回りに、チャンネル八番で日本語の音声ガイドを聞きながら、船からのストラスブール観光を楽しんだ。すぐ右手に、歴史博物館。その後、プティット・フランスの伝統的な家並み、水門、ヴォーバン・ダム。そして、水門に入り、「一・八m高くなった上流部」へ行き、ワール広場、市庁舎と人権会館、イル川河畔で憩う人々……といった風景が流れていく。最後に、イル川に面して建つマリー・アントワネットゆかりのロアン城を見て、遊覧船は船着き場に着いた。

写生をする人の姿も（プティット・フランスにて）

サン・マルタン橋から見えるのは、アルザス地方の典型的なテラスのある家、白壁に黒い木組みの建物が並ぶプティット・フランス、写生をする人。ヴォーバン・ダムの上の展望台に上がって、城壁のなごりである四つの塔のあるクヴェール橋の全景を眺めていると、遊覧船がやってきて、水門で水位調節をして、進んでいく。

プティット・フランスと呼ばれる地区には、柱や梁《はり》を外壁に露出さ

プティット・フランスの伝統的な家並み

城壁の名残りの４つの塔のあるクヴェール橋の全景

せた、一六世紀から一七世紀にかけて建てられたハーフティンバー様式の木造家屋が数多く残っている。ノートルダム大聖堂のある旧市街とともに、観光客の人気の場所となっているが、特にヴォーバン・ダムの上の展望台からの眺め、これは必見である。

イル川の中州に築かれた旧市街は、一九八八年に「ストラスブールのグラン・ディル」として世界文化遺産に登録された。歴史に翻弄《ほんろう》された国境のまちはいま、訪れる人を魅了する重要な観光スポットとなって注目を集めている。

フィレンツェ ── イタリア

ルネッサンスの舞台となった芸術文化都市

ミケランジェロ広場からの眺め

まちの名は〝花の都〟

イタリア中部、トスカーナ地方の中心都市・フィレンツェを最初に訪れたのは、一九八〇年の夏のこと。世界各地からやってきた若者たちが一台のバスに乗って、キャンプ場に泊まりながらヨーロッパ各地を巡る、そんなツアーに参加したときのことだった。ロンドンの旅行社が実施したその旅への日本人の参加者は、ぼく一人だけ。それだけに、世界各地からやってきた若者たちのフィレンツェに対する思いを直に肌で感じることができた。フィレンツェで最初に訪れたのが、ミケランジェロ広場だった。そこから初めて見たまちの姿。そのときの感動はいまでも忘れられない。

その後、個人で、そして旅行社が企画する「秋山ツアー」の同行講師として、何度かこのまちを訪れ、世界中の旅人を引き寄せるルネッサンスの中心、花の都・フィレンツェの観光の魅力を伝えてきた。

団体観光客を乗せたバスがフィレンツェにやってきて、真っ先に訪れる場所は、市内を東から西へゆっくり流れるアルノ川の左岸にあたる、南側の丘の上のミケランジェロ広場である。広場からは、フィレンツェの旧市街のまち並みを一望のもとに見渡すことができる。

広場に立ち、川を見下ろすようにして、まちの中心から左の方に目をやると、橋上家屋で有名な中世の橋・ヴェッキオ橋が見える。

アルノ川に架かるヴェッキオ橋

ドゥオーモとジョットの鐘楼

橋の北側、アルノ川の右岸に見える塔は、フィレンツェ共和国の政庁舎だったヴェッキオ宮殿。そのやや右手に見える四角い形の塔がジョットの鐘楼。そのそばの大きなドーム型のクーポラ（丸天井）のある建物が、フィレンツェの象徴ともいえる大聖堂・ドゥオー

ドゥオーモの内部クーポラを下から見上げると、円蓋の内側に「最後の審判」のフレスコ画

ドゥオーモの上からフィレンツェのまち並みを眺める

モである。

英語で「フローレンス」（花の都）と呼ばれるフィレンツェは、ルネッサンス発祥の地、芸術の都でもある。そんな旧市街の中心部を向いて、ミケランジェロ広場に建つダヴィデ像は、アカデミア美術館に展示されているミケランジェロのダヴィデ像のレプリカである。ヴェッキオ宮殿前のシニョリーア広場にも、レプリカのダヴィデ像が建っている。

三〇年ほど前の夏の暑い日、アカデミア美術館に入ったときのこと。ダヴィデ像をじっくり見ているうちに、大理石の冷たい床にしゃがみこむようなかっこうになってしまい、美術館の係員に注意されたことがあった。

ミケランジェロの墓も、ここフィレンツェのサンタ・クローチェ教会にある。地動説で有名なガリレオ・ガリレイやオペラの作曲家・ロッシーニなどの墓もここだ。

ぜひ訪ねたいドゥオーモのクーポラ

フィレンツェの旧市街の全体像を眺めようとするなら、ミケランジェロ広場に行くのが良いが、フィレンツェのまちなかで見晴らしの良い所といったら、それは先にも触れたドゥオーモのクーポラの上である。

夕暮れどき、クーポラの上からの眺めを見るためにドゥオーモの中へ入った。ちょうどクーポラの真下、ドゥオーモの中心に立ってドーム型の天井を見上げると、そこには一面に、一六世紀

ドゥオーモの上から見る、フィレンツェの日没風景

にG・ヴァザリーとF・ズッカリが描いた『最後の審判』を主題とするフレスコ画が描かれている。

この絵を眺めながら、一歩一歩、階段を歩いて上っていく。

「階段の数は、四六三段です」と、以前フィレンツェにやってきたときに現地のガイドが言っていたことを思い出す。

クーポラの内側に沿ってぐるりと歩き、再び、階段を上る。

途中の小窓からは、ヴェッキオ宮殿の塔が眺められる。日没時のフィレンツェのまちの風景を楽しみながら、ゆっくりと歩き、上り切ったところで東側に来ると、ドゥオーモの影が、フィレンツェの家並みの屋根の上に映っていた。

ルネッサンスの傑作の数々

ボティチェリの『春』や『ヴィーナスの誕生』を始め、ティティアーノやラファエロ、レオナルド・ダ・ヴィンチ、そしてミケランジェロなど、ルネッサンスを代表する画家たちによって描かれた絵画の数々が、このまちのウフィッツ美術館に展示されている。

二〇〇七年にはおもしろい体験をした。二月末にウフィッツ美術館で、レオナルド・ダ・ヴィンチの『受胎告知』を観た。この絵が、その後すぐ日本に空輸され、その年の三月二〇日から東京国立博物館で開催された「レオナルド・ダ・ヴィンチ展」に展示され、ひと月の間に、フィレンツェと東京の両方で、この『受胎告知』を観ることになったのだ。

キャンティワインでも有名なトスカーナ地方は、イタリアでもっとも豊穣《ほうじょう》な土地である。中世の時代には、ミラノとローマを結ぶ街道を活かし、毛織物や金融業を中心に商業都市へと成長した。そのときの豪商で、政治の実権を握ったメディチ家が、また、芸術家をも支援した。これがルネッサンスを推し進める原動力となったのである。

一九八二年に旧市街の中心部は「フィレンツェ歴史地区」として世界文化遺産に登録され、一九八六年には欧州文化首都に選ばれた。京都と姉妹都市でもある。革製品やジュエリー、刺繍《ししゅう》などの店も多い。歴史ある芸術文化都市・フィレンツェは、いま、世界中から注目される魅力的な観光都市として、多くの観光客を集めている。

スプリット —— クロアチア

ローマ時代の宮殿がそのままちになった

観光リゾートの拠点でもあるスプリット

混然一体の遺跡と生活と観光

イタリアと旧・ユーゴスラヴィアに挟まれたアドリア海、その東方沿岸最大の港町がクロアチアのスプリットだ。フェリーやボートが行き交い、アドリア海に浮かぶ観光リゾートの島々への拠点ともなっている。

このスプリットを訪れたときのこと。港に停泊するフェリー、散策する人々、ベンチに腰掛け語り合うカップル、そんなゆったりとした港の風景を眺めて、振り返ったとき、海岸に沿う通りの向こうの正面に、高さ二〇mほどの壁がどっしりと構えていることに圧倒された。

その壁の手前、港に沿って並ぶカフェは、どこも観光客の姿でいっぱいだ。そして、この壁の向こうには、住居があり、店もある。ごく普通の人々の暮らしがあるのだ。しかし、そこは、もともとはローマ皇帝・ディオクレティアヌスの宮殿だった所なのである。

四世紀の初め、在位二〇年を超えたディオクレティアヌスが帝位を退き、アドリア海に面するスプリットに宮殿を建設、亡くなるまでのおよそ一〇年にわたって、ここで暮らした。スプリットはローマ帝国の支配下にあったが、七世紀中頃、スラブ人などの異民族の侵攻があり、近郊に暮らしていたローマ人が頑強な城壁に囲まれた宮殿内に避難して住み着くようになったのだ。

宮殿の中にできたこの遺跡のまちは、中世の時代、そしてその後も、ユーゴ紛争など、多難な歴史を経て、現在見られる姿に変貌《へんぼう》してきたのである。

海岸通りに並ぶオープンカフェ

往時の面影を残す地下空間

城壁には東西南北に四つの門がある。南の青銅の門が正門、東が銀の門、西が鉄の門で、北が金の門である。港のそばに設置された旧市街の模型で街中の大略を眺めてから、南の正門から城壁の中へ入った。

宮殿は、海に向かって傾斜している土地に建てられており、南側の地盤を平らにして柱や壁を建造、それが上層階を支えるというつくりになっている。そのため、正門から入っていった所は地上階（日本式には一階にあたる）であるにもかかわらず、宮殿全体の構造からは地下室ということになる。この地下空間の目的は宮殿の上部を支えることだったので、柱や壁の位置は上部と同じ。したがって、建築当時から著しく変貌してしまった宮殿上部のつくりが、当時から変わっていない地下空間を見ることでわかる、というわけだ。

ではなぜ、この地下空間は変わらなかったのか。中世の時代には、一部が倉庫として、あるいはワインやオリーブオイルづくりに使われたが、ほとんどがガラクタ置き場、ゴミ捨て場だった。そのため、図らずもそのまま保存されたからだ、とのこと。

宮殿の南半分は皇帝の私邸に使われていた。その宮殿の地下空間を、説明パネルを見ながら、

ディオクレティアヌス宮殿内にそびえる大聖堂

ディオクレティアヌス胸像

歩く。宮殿の復元図を見ると、宮殿の南側は、すぐ海に面して建てられていたことがわかる。皇帝ディオクレティアヌスの胸像も展示されている。

地下空間を通って、みやげ物屋を覗《のぞ》き、北へ向かうと、円形の広間に出る。天井に穴の開いたドーム状のこの広間は前庭で、皇帝の私邸の玄関だった所である。

アドリア海沿岸最大のローマ遺跡

観光客で賑わう列柱広場

その先にあるのが旧市街の中心部、列柱《れっちゅう》広場・ペリスティル。列柱の間にあるスフィンクス像は、エジプトから運ばれたもの。

広場の東側にある大聖堂は、もともとはディオクレティアヌスの霊《れい》廟《びょう》として建てられたものが、後にキリスト教の教会となった。いま、スプリットのシンボルとなっている大聖堂の鐘楼《しょうろう》は、中世に加えられたロマネスク様式の建築物である。

この、三方を列柱が取り囲んでいる南北に長い方形の広場は、夏の祭典の会場ともなり、演劇や歌劇、コンサートが開催され、多くの観光客を集めている。

この広場を起点に、路地歩きを楽しみ、その後、東の門の外に広がる青空市場へ。

外側から見た銀の門（東門）

野菜、果物、チーズ……。食料品から衣類、日用雑貨、みやげ物など、何でもそろっている。ここではスプリットの活気ある市民生活をかいま見ることができ、観光客の姿も多い。ブドウ一kg一〇クローナ（約二〇〇円）。この大粒のブドウを食べながら、ローマ遺跡に囲まれた旧市街のまち歩きを楽しんだ。

北門（金の門）を出た所に、大きな青銅の人物像が立っている。このメシュトロヴィッチ（一八八三〜一九六二年）作の司教グルグール・ニンスキ像は、当初、宮殿内の中心・列柱広場に置かれたが、その後、大きすぎて場所にそぐわないということで、後にこの場所に移された。この像の前に腰を下ろして、像の左足の親指に触れている女性がいた。この像には、「像の左足に触れると幸運が訪れる」との言い伝えがあるのだ。

スプリットは宮殿がそのまま旧市街になったという、世界的にもユニークな起源を持つ。一九七九年には、「スプリットのディオクレティアヌスの宮殿と歴史的建造物」として、ユネスコの世界文化遺産に登録された、アドリア海沿岸に残る最大のローマ遺跡なのである。

ヨーロッパ有数の日照時間を誇り、冬でも温暖な気候。今世紀に入り、観光地としてヨーロッパ中から注目を集めるようになった。現在、クロアチアの観光、経済の重要なエリアとして、インフラ整備が進められている。

セビリア ―― スペイン

フラメンコと闘牛だけではない、情緒あふれるまち

ムリーリョゆかりの地

仕事を終えたカルメンがタバコ工場から出てくる、オペラ『カルメン』の冒頭のシーン。いま、そのタバコ工場はセビリア大学に変わり、本とノートを片手に、学生たちが出入りしている。ビゼーの『カルメン』の他、ロッシーニの『セビリアの理髪師』、モーツァルトの『フィガロの結婚』も、セビリアが舞台になっているオペラだ。

セビリアはスペイン南部、アンダルシア地方の中心都市である。フラメンコと闘牛の中心地でもある。夏、冬、そして春、セビリアのまち歩きを楽しみ、ヴィーノ（赤ワイン）を飲みながらフラメンコを観た。夏の暑い時の冷たいスープ、ガスパチョは絶品だった。

サンタ・クルス地区の「水」、「命」、「十字架」等の

サンタ・クルス街の路地

名前の付いた狭い路地を歩き、白壁の家並み、パティオ（中庭）、絵タイルを見て、レースのショールなどが並ぶ土産物屋を覗《のぞ》く。

オレンジの庭からヒラルダの塔を眺め、ムリーリョ公園で一休み。ムリーリョは、セビリア生まれの、一七世紀を代表する偉大な画家である。ロンドンのナショナルギャラリーで三〇年以上にわたって毎年、何度もその作品を観てきた。その作品を思い浮かべる――。

ダイナミックな歴史を映す建造物群

グアダルキビール川に映る黄金の塔

アラビア語で大河を意味するグアダルキビル川の辺《ほとり》に、一二二〇年、監視塔として、正十二角形の「黄金の塔」が造られた。ローマ時代から河港であったセビリア。コロンブスは、スペイン王の援助の下に、この港から航海に出かけ、一四九二年、アメリカ大陸に到達した。

その時からちょうど五〇〇年を迎えた一九九二年、グアダルキビル川の辺で、セビリア万国博覧会が開催された。これは、一九七〇年開催の大阪万博以来、一般博覧会としては二二年ぶりの大規模なもので、一〇〇カ国を超える国々が参加した。その時のテーマは、「発見の時代」だった。

コロンブスの墓は、キューバのハバナ大聖堂から当地へ移され、いま、セビリアの大聖堂に安置されている。コロンブスの棺《ひつぎ》を担いでいる四人の男たちの像は、それぞれレオン、カスティーリャ、ナバーラ、アラゴンの四王国の国王を象徴している。イスラム勢力に支配されていたセビリアは、一三世紀に、キリスト教徒がレコンキスタ（国土回復運動）でイスラム教徒から国土を奪還。その後、イスラム様式の建物はヨーロッパ風に改装されていった。一九八七年に世界文化遺産に登録されたセビリアの大聖堂・アルカサルやインディアス古文書館は、どちらもイスラムとヨーロッパが融合したセビリアを象徴する建造物である。

大聖堂（手前）とヒラルダの塔（右手奥）

大聖堂はイスラム教のモスクをキリスト教の聖堂に改装したもの。隣接するヒラルダの塔はイスラム教のミナレットを転用した鐘楼。

塔のてっぺんのブロンズ像

塔のてっぺんのブロンズ像は、一六世紀になってから取り付けられた。この像は、風を受けると回転する。ヒラルダ（風見）と呼ばれるようになったゆえんである。

宮殿・アルカサルは、イスラム様式とゴシック様式が融合した、スペインで生まれたムデハル様式を代表する建物として有名だ。

タイル画のベンチが並ぶスペイン広場

闘牛の本場

一九二九年のイベロ・アメリカ博覧会の会場として造られたのが、スペイン広場である。半円形の建物の両端に塔が建ち、半円の内側が広場になっている。広場に面した壁やベンチには、絵タイルでスペイン各県の歴史にまつわる話が描かれている。ここは観光客にも人気の場所で、語らうカップル、横になる者、歌う者……、絵タイルのベンチは、人生を楽しむ人それぞれの舞台であるかのような趣だ。

同じ公園内のアメリカ広場には、広場を挟んで向かい合うように、ムデハル様式の民俗博物館とルネサンス様式の県立考古学博物館が建っている。

黄金の塔の前に立ち、グアダルキビル川に沿ったクリストバル・コロン通りを歩くと、マエストランサ闘牛場が、正面を川に向けて建っている。道を挟んで、闘牛士とカルメン、この二つの像が、闘牛場の方を向いて立っている。

「闘牛場の正面から出てくる闘牛士を待つカルメン」を表現している、とのこと。「この闘牛場

マエストランサ闘牛場と、その前に立つ闘牛士像

イサベル２世橋の夕景

の正面出入り口から出てこられる闘牛士は限られた人だけ」との話も聞いた。牛と勇敢に戦って、立派に仕留めた名誉ある者だけがここから出てくることができる。また、斃《たお》れた牛の耳をもらうことも、名誉なことなのだ。そういえば、フラメンコの店の出入り口そばの壁に架けてあった牛の剝製《はくせい》も、耳が切り取られていたことを思い出す。

対岸がトリアナ地区。イサベル二世橋、別名トリアナ橋を渡った所にも、闘牛士の像が立っている。トリアナ地区出身の闘牛士は多く、この地区にはフラメンコの学校もあり、タイル、陶器工場が何軒も並んでいる。

日が沈むのを待つ。ライトアップされたイサベル二世橋、黄金の塔、それが川に映る姿。セビリア情緒があふれるそんな風景を眺めながら川に沿って歩く。これも、セビリア観光の大きな魅力の一つである。

ジュネーブ ― スイス

国際機関の集結地は、国際観光の集結地

レマン湖。正面遠くに、モンブランが望める

レマン湖からローヌ川が流れ出る注ぎ口

レマン湖は、スイス南西部にある、クロワッサンのような形をした湖だ。そのさらに南西端の辺りに位置するジュネーブは、フランスとの国境のまちである。レマン湖の面積は、約五八〇km²。その六割がスイス領、四割がフランス領となっている。ジュネーブ国際空港の敷地も、その一部はフランス領である。

ジュネーブの中央駅・コルナヴァン駅から真っすぐモンブラン通りを下っていくと、レマン湖に出る。レマン湖から流出する川は、ローヌ川一本だけ。湖に溜《た》まった水は、ローヌ川を通って、およそ七六〇km、フランス国内を南下して、地中海に注いでいる。

レマン湖からローヌ川への出口に架かる橋が、モンブラン橋だ。橋の下を、かなりの速度で水が流れていく。橋の上からは、手に持っ

中州のルソー島に立つ、ルソーの銅像

た釣り糸を直接水の流れに垂らしている釣り人の姿を、時に見かける。

橋の下流側にある中州が、ルソー島。『エミール』や『社会契約論』などを著したロマン主義の思想家ジャン＝ジャック・ルソーの銅像が、この島に立っている。そのさらに下流には、ローヌ川の速い流れを利用した水力発電所の建物がある。

多様性を結ぶ象徴、モンブラン橋

モンブラン橋は、コルナヴァン駅のある新市街とサン＝ピエール大聖堂のある旧市街とを結ぶ橋としても、重要なものだ。見本市など国際的なイベントがジュネーブで開催される時には、この橋の両側に、スイス連邦を構成する二六州の旗がズラリと並ぶ。

その旗には熊やライオン、ワシなどの動物が描かれているものが何本かある。よく見ると、描かれているどの動物も口を開き、舌をベロンと出している。これは、〈言論の自由〉を象徴しているのだ。大きく開かれた動物の口には「言論の自由を守る」という強い意志が表現されているのである。

レマン湖に噴き上がる高さ一四〇mもの大噴水を眺めながら、モンブラン橋をゆっくり歩いて渡ると、左手に国家記念碑が立つイギリス公園があり、その公園の南西角に、花時計がある。

ドイツ語、フランス語、イタリア語、ロマンシュ語と、四つの公用語を持つスイスにあって、ジュネーブはフランス語圏のまち。そこに、イギリス公園があり、ジュネーブのシンボル的存在の花時計があるのが面白い。なお、この花時計の南西、通りを挟んで、ローヌ通りの角に、ロレックスをメインにスイス各地の時計を販売している高級宝飾店、ブッヘラーがある。

ジュネーブのシンボル的存在の花時計

ジュネーブならではの楽しみを旧市街で

旧市街の狭い路地を歩いていると、いつの間にか広場に出た。広場に面して五階建ての建物が並ぶ。この、中世の建物に囲まれた広場は、市民や観光客にとっての憩いの場だ。壁の色、窓の形、デザイン、出入り口などに特徴のある歴史ある建物を観察しながら、カフェで一休み。エレベーターの無かったこの時代、建物の窓を見ると、上層より下層階の方が立派で華やかになっているのが分かる。

さらに石畳の路地を進むと、建物の下の方に、半円形の低い窓のようなものを見かける。昔の地下倉庫である。ここに、ワインを貯蔵し、肉は塩漬けにして保存したのだ。

旧市街の中心地にあるサン＝ピエール大聖堂を正面から見ると、下が

宗教改革記念碑前の舌を出した熊が描かれたモザイク

ジュネーヴ市内を走る路面電車

ロマネスク様式、上がゴシック様式でできていることが分かる。この大聖堂の北側の塔は、歩いて上ることができる。レマン湖と大噴水や、ジュネーブ市街を望む三六〇度のパノラマだ。天気の良い日にはレマン湖の向こうに、ジュラ山脈も見える。狭くて急な一五七段のらせん階段を上りきった所から眺めた、この見事な風景。必見である。

中世の人々の暮らしぶりを知るには、大聖堂のそばのタヴェル館へ行くのが一番だ。一二世紀に建てられた貴族の邸宅で、個人宅としては市内最古の建物。改築、改修を重ね、現在は民俗博物館として開放されている。階段を上ると台所で、そこに錫《すず》製の食器がある。小部屋に置かれた赤ん坊用のベッドは、ロッキングチェアのように揺り動かすことができる。時計は動いていて、現在の時刻を正確に示していた。食堂で銀食器や陶器を見てから屋根裏部屋に上ると、一八世紀のジュネーブのまちのようすを表した模型が展示されていた。

タヴェル館を出て右へ行くと、すぐ右手にグラン・リュという名の狭い通りが現れる。ルソーは、一七一二年六月二八日、この通りの四〇番地で生まれた。

市庁舎に隣接する長椅子のあるプロムナード、その先の崖下の公園に、ファレル、カルヴァン、ベーズ、ノックスの四人の壁像が中央に並ぶ宗教改革記念碑がある。その前のモザイクには、口を開き、舌を出した熊が描かれていた。

もちろん食も、スイスならではのものを楽しもう。昼はチョコレートの店に行き、夜はヨーデルを聞きながらチーズフォンデュを食べ、スイスワインを飲むのがいい。

ジュネーブには、WHO（世界保健機関）やICRC（赤十字国際委員会）など国際機関の本部が集結している。パリからジュネーブまで、TGV（高速鉄道）で三時間半。この国際機関の集結地はまた、国際観光の集結地ともなっている。

アヴィニョン ── フランス

ローマ教皇ゆかりの城壁都市は、まち全体が世界遺産

ローヌ川に架かるサン・ベネゼ橋。ローヌ川下流から眺める

まずはアヴィニョンの全貌から

フランス南部、ローヌ川のほとりに開けたプロヴァンス地方の中心都市・アヴィニョン。初めてこの地を訪れた観光客をぼくが真っ先に案内する所は、ローヌ川右岸の岸辺である。そこから東の方向を見ると、ローヌ川の対岸に、中世の城壁に囲まれたアヴィニョン、その旧市街の全貌《ぜんぼう》を眺めることが出来るのだ。

岸辺のベンチに腰掛け、この旧市街の風景を眺めながら、ゆったりとした時を過ごす。アヴィニョンに暮らす人々にとっても、ここは憩いの場所となっている。

一番目立つ、城のように大きな建物が、教皇宮殿。その左に隣接する塔のある建物が、一二世紀に創建されたロマネスク様式のノートルダム・デ・ドン大聖堂だ。

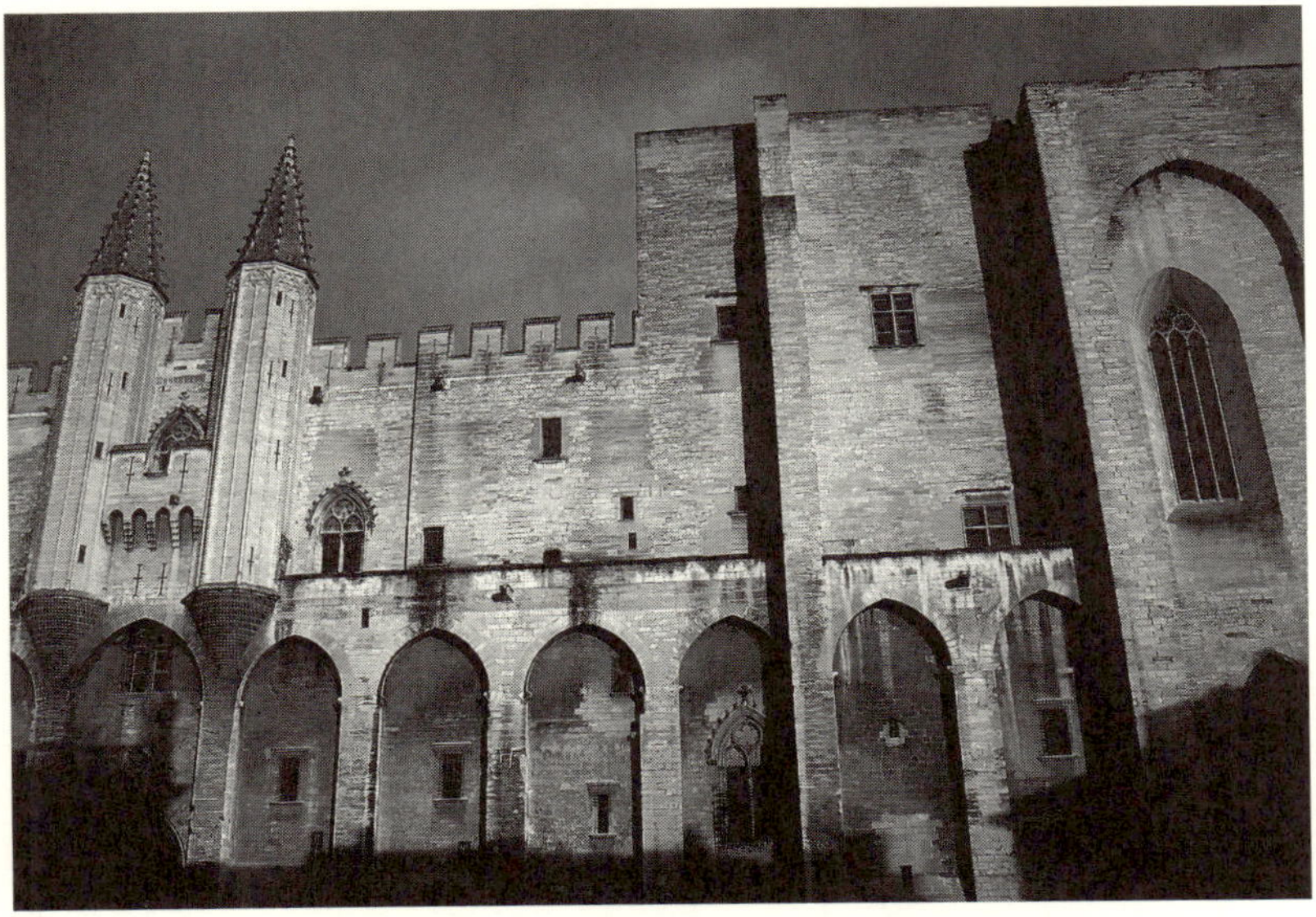

教皇宮殿

フランス民謡「アヴィニョンの橋の上で」で歌われた、サン・ベネゼ橋

アヴィニョンＴＧＶ駅。パリ行ホームにはひさしがない

そのまま左に目を移していくと、城壁から連続してローヌ川の途中まで延びている、四つのアーチのある橋のようなものが見える。これが、アヴィニョンの名を聞いて誰もが思い浮かべるフランス民謡『アヴィニョンの橋の上で』に歌われた、あの有名な「アヴィニョンの橋」、サン・ベネゼ橋である。ローヌ川の度重なる氾濫《はんらん》により何度も橋が崩壊し、一七世紀には修復を断念、川の途中で切れたまま現在に至っている。

再び、みたび、サン・ベネゼ橋に

全長四㎞ほどの城壁で囲まれた旧市街への入り口は、城壁の南に位置するレピュブリック門だ。その城門のすぐ南に、ヨーロッパの伝統的な建物のアヴィニョン中央駅がある。

駅のそばのホテルにチェックインし、一休みした後、旧市街を歩き始める。市内地図を見ると、レピュブリック門から真っすぐ北へ延びる通りがある。これが、アヴィニョンのメインストリート、レピュブリック通りだ。この通りは、そのまま北へ歩いてゆき、ローヌ門から城壁の外に出ると、ローヌ川に架かるサン・ベネゼ橋に続いている。

さて、レストラン、公園、博物館といったまちの風景を楽しみながらレピュブリック通りを歩いていると、サン・ベネゼ橋をデザインした絵が描かれた看板を発見。やはりこの橋は、このまちのシンボルなのだ。

レピュブリック門から六〇〇～七〇〇m行った所に時計台広場がある。メリーゴーラウンドが回り、カフェに人が集い、広場に面して市庁舎と劇場もある。市庁舎の上には、ゴシック様式の時計塔。これが広場の名称の由来となった。

銀行のマークにも、サン・ベネゼ橋がデザインされている

その先の狭い路地を抜けると、視界がパッと開け、右手に教皇宮殿が現れる。その前面に広がる教皇広場を歩き、プチ・パレ美術館の手前で左の路地へ。橋のマークが記された道案内表示に従って、旧市街の路地をぐるりと時計回りに歩いていく。そしてローヌ門（北に位置する門）を通り抜けると、あのサン・ベネゼ橋が現れる。

橋はローヌ川の対岸まで通じているのではなく、途中で止まっている。四つのアーチのある橋の上にはサン・ニコラ礼拝堂が建っている。車が頻繁に行き交う道路を渡り、ローヌ川の岸辺に立つ。鏡のように静かなローヌ川の水面にサン・ベネゼ橋が映り、きれいな線対称の姿を見せてくれる。

二羽の水鳥がやってきた。静かな水面に小さな波がたち、輪ができ、それが広がっていき、水に映る橋の姿も揺れる。元の静かな水面にな

ライトアップされた教皇宮殿
二つの尖塔の下に、入口のシャンポー門がある

るのを待って、写真を撮ってから、ノートルダム・デ・ドン大聖堂の北側に広がる高台にあるロシェ・デ・ドン公園まで歩く。公園の展望台からは、ローヌ川の途中までで切れたサン・ベネゼ橋の様子がよくわかる。

一四世紀、一三〇九年から一三七七年までの約七〇年間、教皇庁がローマから離れ、ここアヴィニョンに置かれた（アヴィニョン捕囚）。その教皇の住まいとなったのが、教皇宮殿だ。その教皇宮殿、ノートルダム・デ・ドン大聖堂、旧市街を取り囲むアヴィニョンの城壁、それにサン・ベネゼ橋は、すべて、「アヴィニョンの歴史地区」として一九九五年に世界文化遺産に登録された。

夕食の後、旧市街の路地歩きを楽しみ、再びローヌ川のほとりに立った。ライトアップされた、サン・ベネゼ橋。その姿が川面に映る光景をしばらく楽しんでから、カメラを三脚にセットする。

他市への移動の要、TGV

市の中心部から南におよそ二㎞、TGV（高速列車）専用のアヴィニョンTGV駅からTGV

に乗ると、パリまで二時間半余りで着く。地中海の港町マルセイユまでは三〇分ほどだ。

このアヴィニョンTGV駅は、駅舎がちょっと変わった形をしている。屋根が、船底を逆さにしたような形をしているのだ。壁も、南側と北側で違っている。南側の壁はコンクリート製で、北側は全面ガラス張りになっている。

船底を逆さにしたような形のアヴィニョンTGV駅

電光掲示板を見てパリ行き列車の確認をしてから、エスカレーターで二階へ。船底型の駅舎を出て南側が、パリ行きのホームだ。向かい側にあるマルセイユ行きのホームにはひさしがついているが、このパリ行きのホームにはひさしがない。「ひさしをつけると、駅の中が暗くなる」というのがその理由だというが、ここは地中海性気候の土地で、冬から春にかけては、かなり雨が降る。雨が降ってもよけるところがない。でも、我慢だ。待っているのは、田園風景を眺めながらの快適な列車の旅、パリまでノンストップ。このように、歴史あるアヴィニョンを起点に、人気の都市を訪れることができるのも、このまちの強みだ。

シチリア島 ―― イタリア

新旧の文化に彩られた〝地中海文明の十字路〟

タオルミーナのまちとエトナ山（左手奥）

地中海の中央にある最大の島

イタリアは、国の形が似ていることから、しばしば長靴に例えられる。その長靴のつま先に蹴飛ばされるような格好で浮かぶ地中海最大の島、それがシチリア島である。

この島は地中海のほぼ中央に位置しているため、長い歴史を通じて、古代ギリシヤ、カルタゴ（チュニジアにあった古代都市国家）、ローマ、イスラム世界と深い関わりを持つ、地中海文明の十字路だった。

イタリア本土からフェリーに乗って海峡を渡り、東の玄関口メッシーナに入った。ここから北部の海岸線に沿って西へ向かうと、この島最大のまち、シチリア自治州の州都パレルモへと通じている。今回は進路をまず南にとって、シチリア観光屈指の景勝地として人気のタオルミーナ、それに、世界文化遺産のアグリジェンドを訪ねてからパレルモへ向かった。

古代遺跡を巡る

シチリア島を取り巻く地中海のうち、北側の海がティレニア海、東側の海はイオニア海と呼ばれている。イオニア海に面した崖に建つホテルに一泊してから、ミニバスに乗って富士山のような姿をしたタウロ山の山腹にあるタオルミーナへ、坂道を上っていった。東の入口、メッシーナ門の外で下車。まちなかから見ると、この門の東方にメッシーナが位置することになる。それで、この名がついた。

西の門、カターニア門までの約一㎞の道が、メインストリートのウンベルト一世通り。道の両側には、ブティック、銀行、レストラン、食料品店など二〇〇を超える店が並んでいる。

まちの中心は、統一国家としてのイタリア初代皇帝の名前がついたヴィットリオ・エマヌエーレ二世広場。ちなみに、通りの名前「ウンベルト一世」は、二代目皇帝である。

この広場の先を左折して、ギリシャ劇場まで歩く。路地の店には、カラフルで明るい色のさまざまな陶器が並んでいる。ギリシャ神話に登場する蛇の頭髪をしたメドゥサの顔の陶器が壁に掛けてある店もある。メドゥサはシチリアのシンボルだ。

ギリシャ劇場の階段を上って、観客席の上に行くと、そこからは、青い空をバックに、雪を頂いたエトナ山が見える。ヨーロッパ最大の活火山、世界自然遺産のエトナ山。青い空、イオニア

タオルミーナの坂道の路地

タオルミーナの西の門、カターニア門

海、そこに、古代遺跡のギリシャ劇場。この風景を眺めて、観光客は、誰もが感激の声をあげ、カメラを向ける。

「紀元前三世紀に造られたときは、コンサートなどに使われ、当時の収容人員は三〇〇〇人でした。ローマ時代になると、劇場内部は全面が平らにならされて、コロッセオ（闘技場）のようなアリーナとして使われ、収容人員は六〇〇〇人。そして一〇世紀、アラブ人によって完全に壊されましたが、いまでは、修復作業が進み、毎年六月から九月まで、野外コンサートが毎日開催されます」

音響、抜群。団体客を案内する現地ガイドの説明の声が、下の方から聞こえてくる。

現在もコンサートが開かれる遺跡、ギリシャ劇場

陶器のメドゥサ像。３本の足はシチリア島の３つの岬を表している

ギリシャ劇場を見学した後、ウンベルト一世通りをカターニア門まで歩く。レモンの鉢植えが、日当たりの良いベランダに置かれ、実もなっているのが見えた。

次に、古代ローマの遺構、世界文化遺産「ヴィッラ・ロマーナ・デル・カサーレ」へ向かう。ここは、ローマ時代末期の皇帝の夏の別荘。床に敷き詰められたタイル絵に描かれているのは、犬や馬などの動物、それに、ビキニ姿でスポーツをする若い女性の姿だ。

世界文化遺産「アグリジェントの考古的地域」では、ヘラ神殿を見てから、遺跡の中の道を歩き、ギリシャ時代の女神の神殿、コンコルディア神殿へ。紀元前五世紀に建てられたドーリア式のコンコルディア神殿は、保存状態も良く、アテネのパルテノン神殿によく似ている。ここには樹齢一〇〇〇年以上にもなるというオリーブの大木があるが、はるかそれ以上の歴史をもつ遺跡が、点在しているのだ。

大勢の人が集まってくるパレルモの海岸

大スターのルーツ

日曜日の午後に州都パレルモへ。海にはヨットの白い帆が浮かび、港には大型のフェリーが停泊している。ビーチに面した公園の歩道の両側には、露店がズラリと並んでいる。散歩する人、凧《たこ》揚げする人、サッカーボールを蹴る人……。公園はパレルモ市民の憩いの場所だ。

パレルモ新市街の中心地、リベルタ通りを歩いてから、旧市街を歩く。屋根にパレルモ議会の象徴、鷲《わし》をかたどったヌオーヴァ門から旧市街に入り、ノルマン王宮を見学。カテドラーレ（大聖堂）を訪れた後、クアットロ・カンティの四つ角へ。四つ角を取り囲む、三階建ての四つの建物。そこに、人生を春・夏・秋・冬、この四つの季節に象徴させて表現した四人のシチリアの聖女像が立っている。

『ゴッドファーザー　ＰＡＲＴⅢ』にも登場したマッシモ劇場

パレルモは、映画『ゴッドファーザー　ＰＡＲＴⅢ』の舞台にもなった。ジュゼッペ・ヴェルディ広場に建つオペラの殿堂・マッシモ劇場も、この映画に登場する。

フランク・シナトラ、アル・パチーノ、シルヴェスター・スタローンといった大スターたちのルーツは、ここシチリアにある。古くは紀元前三世紀の大数学者・アルキメデスもシチリア島生まれだ。

現在、イタリア本土とシチリア島を結ぶメッシーナ海峡大橋が建設中（現在は工事中断）。ヨーロッパ各地からの空路も多い。シチリア観光の魅力は、今後いっそう身近なものとなるに違いない。

グリニッジ —— イギリス

海洋王国イギリスの表玄関にあたるまち

グリニッジ天文台から眺める国立海事博物館

ロンドンからの〝船旅〟

東経・西経〇度、地球を東半球と西半球に分ける子午線《しごせん》の通るグリニッジ。この地名を聞いて、グリニッジ天文台やグリニッジ標準時を連想する人は多いだろう。グリニッジ天文台が経度〇度、本初《ほんしょ》子午線が通る世界共通の基点として決定されたのは、ワシントンで開かれた一八八四年の国際会議でのことである。

グリニッジは、大航海時代から一九世紀末まで、海洋王国イギリスの水上交通の表玄関だった。現在、海に関する資料が展示されている国立海事博物館や旧王立海軍大学など、海洋王国だったことを実感させる歴史的建造物が残っている。一九九七年、これらの建物にグリニッジ公園も含み、「河港都市グリニッジ」として世界文化遺産に登録された。グリニッジはまた、二〇一二年夏に開かれたロンドンオリンピックの馬術競技の会場にもなった。

ぼくは、一九七九年以来、毎年のようにロンドンに出かけてきたが、滞在期間中、何度かその近郊のこの地を訪れ、多くの観光客がするように、「東半球と西半球をまたいでいる」というつもりで、地面にはめ込まれた経度〇度を示す金属製の線の上に立った。

グリニッジへはロンドンの中心部からバスや地下鉄に乗って行くこともできるが、ビッグ・ベンのすぐそば、ウェストミンスター橋の下流側にある桟橋から水上バスに乗って行くことを

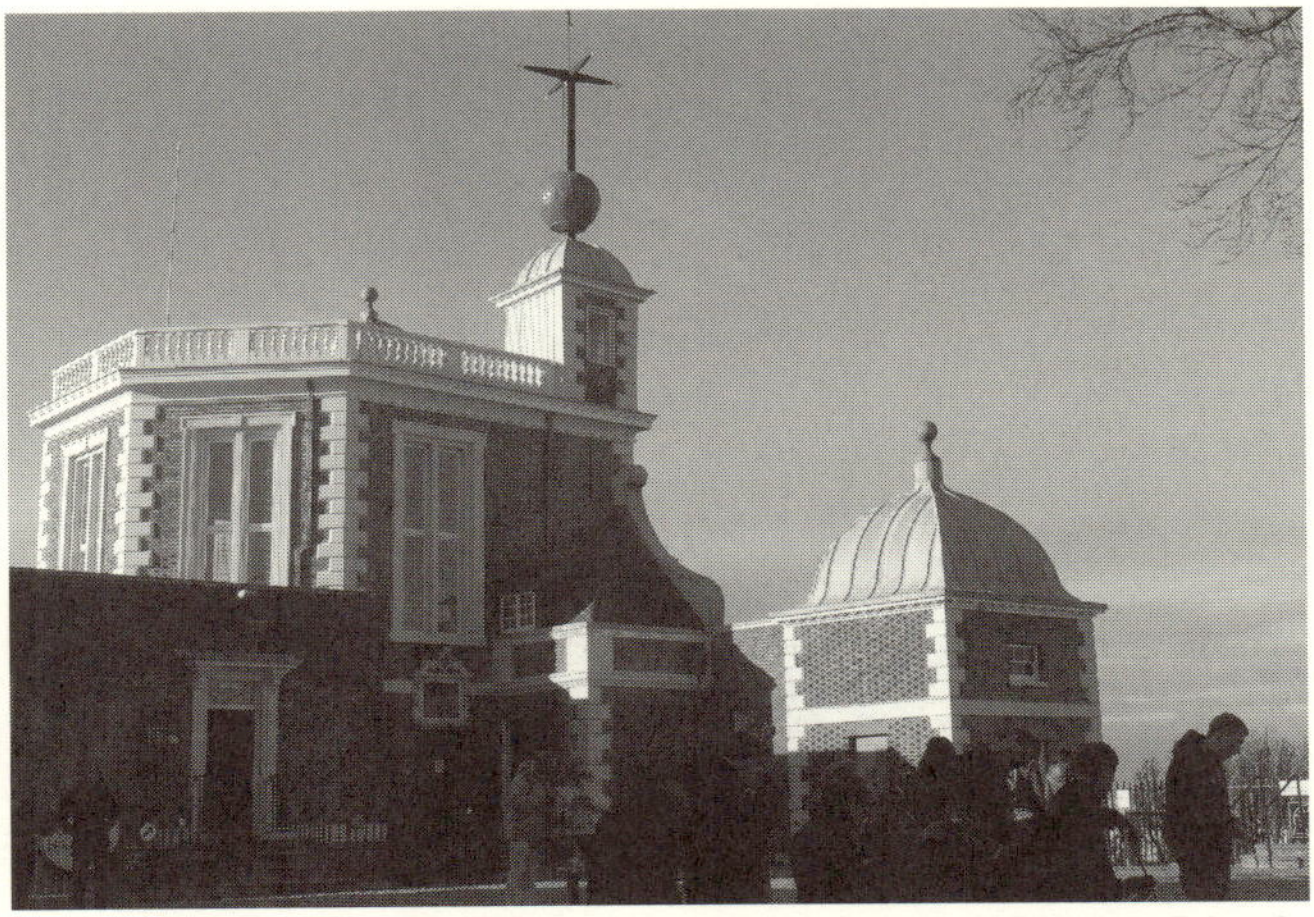

グリニッジ天文台。上の赤い球は、13時にストンと落ちて時を知らせる「時の球」

グリニッジ標準時を示す天文台の時計

カティー・サーク号

勧めたい。テムズ川遊覧観光の魅力をたっぷりと満喫することができるからだ。

昨年（二〇一五年）の一一月下旬にも、この船に乗った。そのときのグリニッジまでの料金は、往復で一六ポンド。六〇歳以上のシニア割引や学生割引なら一一・二ポンド（約二〇〇〇円）だった。

大観覧車ロンドン・アイを右に見ながら、出航。ハンガーフォード橋、ウォータールー橋、ブラックフライアーズ橋……と、テムズ川に架かる橋の下を通って、東に向かって下っていく。

セント・ポール大聖堂とテート・モダンとを結ぶ橋が、西暦二〇〇〇年を記念して造られた、テムズ川に架かる橋の中で最も新しい、歩行者専用のミレニアム・ブリッジである。次のサウスワーク橋、さらにロンドン橋をくぐると、左に、ロンドン塔。その全景を船の上から眺めながら、タワー・ブリッジの下をゆっくり通過していく。

グリニッジの桟橋に近づくと、帆船のマストが見えてくる。係留されたこの帆船は、一九世紀後半にインドや中国からイギリスへ紅茶を運搬するために活躍した貨物船、カティー・サーク号である。同名のウイスキーのラベルにも描かれている、あの帆船だ。

時間と海にまつわる歴史と見どころ

カティー・サークの先、南側のエリアには古いまち並みが広がっている。常設のグリニッジ・マーケットは、観光客にも人気の場所。ここでは、世界各地の名物料理を楽しむことができる。グリニッジ観光には欠かせない。旧市街の路地歩きを楽しみ、ビールを飲みながら食べる、ボリュームたっぷりのビーフやチキン。大きな魅力の一つだ。

ディスカバー・グリニッジは、グリニッジ観光の総合案内所。ここで情報を得てから、グリニッジ公園の丘の上に建つグリニッジ天文台まで、広い芝生に沿った道を歩いていく。

プラネタリウムのドーム型の屋根の上に乗った風見も、船の形をしている。天文台の屋根には赤い球。いったん上昇して一三時にストンと落ちる、時を知らせる「時の球」だ。

グリニッジ天文台は、現在、天文台としての役割を終え、博物館として多くの観光客を集めている。世界の標準時を示す時計の前で記念写真を撮ろうという観光客が引きも切らない。その展望台からの眺めも、必見である。

すぐ下にグリニッジ公園の芝生が広がり、その下には国立海軍博物館。さらに向こうに見えるのは、再開発地区に林立する世界各地の金融企業の高層ビル群だ。右手の方を見ると火力発電所の煙突があり、その後ろにオリンピック公園。左手の方へ目を移すと、ロンドン市内の新しい高層ビル群が眺められる。ロンドンのテート・ギャラリーに、ターナーが一八〇九年にこの同じ場

観光客で賑わう常設のマーケット

国立海事博物館には大英帝国時代の舟をはじめ
海洋に関する展示の数々…

所から描いた絵が展示されている。その絵の中に、まるで違ったロンドンの風景を見ることができる。

国立海軍博物館にも、トラファルガーの海戦を描いたターナーの大きな一枚の絵が展示されている。一階の特別室にあるその絵には、光が当てられ、音声解説が流れている。船のヘッドなど、船に関する展示品を見てから、エレベーターに乗って三階に上がる。そこに、ネルソン提督の遺品の数々が展示されている。トラファルガーの海戦で傷を負い、頭と右腕に包帯を巻いた姿を描いた絵もある。着ている服はその海戦のときのもので、縫い付けられた勲章や、白い縫い糸が飛び出ているのもわかる。

最後は、旧市街のにぎわうローカルな店で、一杯。帰りも船で、それも最終便に乗ってロンドンに戻る。その時どきの季節によってまた違った趣のある、船から眺める日没時の風景、それに、夜景。最高だ。こんなにもロンドンに近いのに、まるで異なる楽しみ方ができる。観光の魅力たっぷり。グリニッジは、そんなまちである。

ノートルダム・ド・ラ・ギャルド・バジリカ聖堂からの眺め

マルセイユ —— フランス

観光面の強化が進むフランス最大の港湾都市

アクセスの今昔

パリのリヨン駅を午前八時頃に出発する列車に乗って、昼過ぎにマルセイユへ。本場のブイヤベースを食べるために、パリから、地中海に面したフランス一の港町マルセイユまでの日帰り旅を楽しんだ。パリの安宿を根城に、鉄道乗り放題のユーレイルパスを使って、ヨーロッパ各地を旅していた、三〇年以上も前のことだ。

旧港周辺のまち歩きを楽しみながら、店の看板を眺め、そのときの気分で入った店で、ブイヤベースを注文した。そして夕方早めの列車に乗って、パリに戻った。いま、TGV（高速列車）に乗ると、パリとマルセイユは最速三時間で結ばれ、時間距離がグッと短くなった。おかげで昨年二月末のパリからマルセイユまでの日帰り旅では、マルセイユでの時間をたっぷりとることができた。

2007年開業の、船をモチーフにしたデザインの路面電車

遠藤周作や小澤征爾が初めてパリへ行ったとき、マルセイユがフランスの玄関口だった。日本から船に乗って一カ月半かかってマルセイユに着き、そこから列車でパリへ向かったのだ。

ぼくは二〇〇七年に、セザンヌが何度も描いたサント・ヴィクトワール山を眺め、古都エクス・アン・プロヴァンスに泊まった後、マルセイユへ向かった。車で約三〇分。途中、水道橋をくぐり、南へ向かうと、正面の丘の上に、ビザンチン様式のノートルダム・ド・ラ・ギャルド・バジリカ聖堂が見えてくる。この聖堂が現れると、マルセイユにやってきたのだ、と強く思う。

その年の三月初め、市内の中心部では、新型路面電車の線路敷設工事が盛んに行われていた。マルセイユではこの路面電車の建設に伴い、トランジットモールや街路樹の整備など、大規模な都市改造が行われた。現在の市内の公共交通機関には、同年に開業した路面電車の他に、二路線の地下鉄と市営バスがある。

マルセイユらしさを旧港周辺に見る

ＴＧＶはフランス国鉄のマルセイユ・サン・シャルル駅に着く。大きな駅だ。駅を起点に坂道

マルセイユの凱旋門

移動観覧車も設置される旧港の広場

朝市で、ヒラメをさばく女性

を下っていき、凱旋《がいせん》門を見て、にぎやかな通りを歩いて、旧港へ向かう。

旧港のベルジュ埠頭《ふとう》に面した広場で、魚の朝市が毎日開かれる。ここには、陸揚げされたばかりの新鮮な魚が並ぶ。

生きたヒラメの皮をそのままものすごい力で剝ぎ取る女性がいる。逞《たくま》しい。魚はバタバタと身を躍らせる。小魚はブイヤベースの材料になる。

港には、ヨットや小型のレジャーボートが並んでいる。観光遊覧船も運航している。

港のそばを歩いていて、「あれっ」と、思った。日本の港で感じるような、潮の香りがしないのだ。三kmほど沖合いのイフ島の周辺では水深が一〇〇mもあるように、日本の港などに比べ地中海の海が深いことが影響しているようだ。

旧港の出入り口に当たる所には、北側にサン・ジャン要塞《ようさい》があり、南側にサン・ニコラ要塞がある。この二つの要塞が、港に出入りする船を監視するかのように建っている。サン・ニコラ要塞の先に、ファロ宮の建つファロ公園がある。

港の見える丘にあるこの広い芝生の広場は、市民の憩いの場所である。ベンチに腰かけると、

旧港の出入り口の北にサン・ジャン要塞

ファロ公園から眺めるマルセイユの旧港と旧市街

ノートルダム・ド・ラ・ギャルド・バジリカ聖堂

旧港の全景、それに、旧市街、行き交う船を眺めることができる。左手の方に、大型の貨物船や客船が停泊する新港が見える。

右手の方、丘の上にノートルダム・ド・ラ・ギャルド・バジリカ聖堂が見える。その聖堂まで歩いて上る。ここからの見晴らしは、必見である。旧港の全景はもちろん、マルセイユのまち並みを一望のもとに眺めることができる。沖に、いくつか島が見える。その中で建物が確認できる島が、イフ島である。アレクサンドル・デュマの『モンテ・クリスト伯』で、主人公ダンテスが投獄されたのが、この島に建つイフ城である。

観光の魅力を打ち出す

南フランスにおける貿易・商業・工業の中心地マルセイユは、一二〇カ国の三六〇を超える港と結ばれている。神戸市とは姉妹都市でもある。このフランス最大の港湾都市は、大型の客船も立ち寄るが、名物料理のブイヤベースは別として、他の南フランスの都市に比べると、一般的な観光面での知名度はやや乏しい。しかし、このまちを実際に歩いてみると、このまちでしか感じることのできない観光の魅力というものがある。

地中海を挟んで向かい側は北アフリカ。そのため、フランスの他の都市とは違ったエキゾチックな雰囲気がある。日本でも抜群の人気があった楽団指揮者ポール・モーリア、世界最高のサッカー選手だったジダンは、ここマルセイユの出身である。立派な競技場を持つオリンピック・マルセイユという地元サッカークラブもある。

市内を走る路面電車の車体は、港町を象徴して船をモチーフにした形をしている。これは、観光を意識してのことだ。二〇一三年には欧州文化首都[注]になり、欧州中から大勢の人が訪れた。今後さらに、観光の魅力をどのように打ち出していくのか、興味は尽きない。

※注　ＥＵ（欧州連合）は、加盟国の相互理解を深めるために、加盟国の都市の中から毎年「欧州文化首都」を選定し、一年間にわたってさまざまな芸術・文化的行事を開催している。

ルクセンブルク ── ルクセンブルク大公国

欧州金融の中心地で楽しむ

新市街から眺める、城塞都市ルクセンブルクの旧市街

憲法広場を起点に歩く

二〇一五年の一一月末から一二月初め、安倍晋三首相がルクセンブルク大公国《たいこうこく》を訪れ、アンリ大公殿下に謁見し、国民議会議長ディ・バルトロメオ氏と会談した。同じ年の七月には、この国のベッテル首相が訪日している。

ルクセンブルク大公国は、立憲君主制で、世界唯一の大公国（大公を元首とする国）である。

国土の面積は神奈川県や沖縄県とほぼ同程度（二五八六㎢）で、人口は五六万三〇〇〇人ほど。ベルギー、フランス、ドイツに取り囲まれたこの「ヨーロッパの小さな国」の国民が、実は「世界で最も所得が多い国民注」ともいわれる。

そんな国の首都ルクセンブルクを、二〇一六年の二月に訪れ、世界遺産「ルクセンブルク市の旧市街と要塞」のまちを歩いた。

旧市街のまち歩きの起点は、ペトリュッス川の崖の北、金色に輝く女性像がてっぺんに乗る戦没者慰霊塔が建つ、憲法広場だ。塔の後方の展望台から新市街を見下ろすように眺めてから、ルーズヴェルト通りを渡って、ノートルダム大聖堂へ。

ノートルダム大聖堂のステンドグラス

南の入り口から入ると、右側の新しい部分に、守護聖人マリアの像が立っている。聖堂内には、青い服を着たマリアの姿がいろいろな所に描かれている。左側、大聖堂の古い部分のステンドグラスには、キリストを抱いたマリアと共に、東方三博士《とうほうさんはかせ》〔キリストの誕生時に東方のペルシア（現・イラン）から捧げものを持って拝みにきた占星術者たち〕が描かれていた。

まちに刻まれた歴史の断片

大聖堂を出て、右へ、ノートルダム通りを歩いていくと、左手に、大公宮殿の建物が現れる。正面から見て、右側が国会議事堂である。その建物の二階に、ガラスの通路がある。この通路を通って、議員会館と直接結ばれている。大公宮殿の前に、衛兵が一人、無表情にじっと立っている。しばらく見ていると、姿勢を正して、建物に沿っ

大公宮殿。右側の部分は国会議事堂として使われている

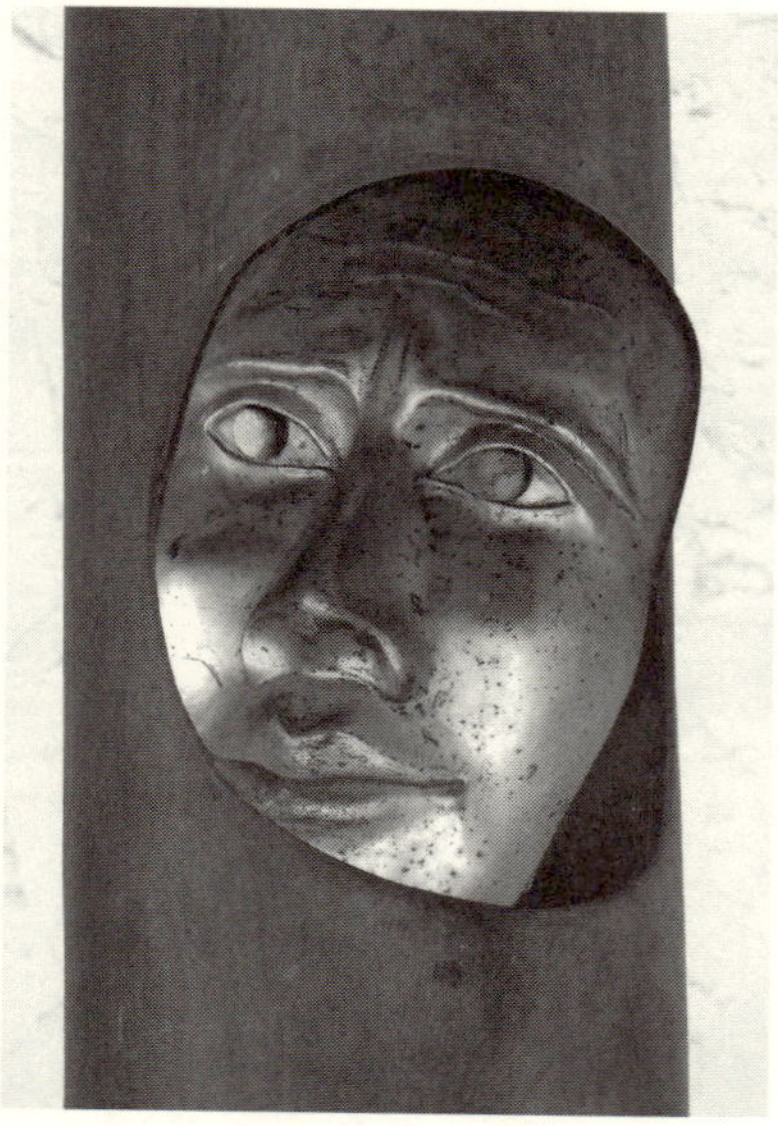

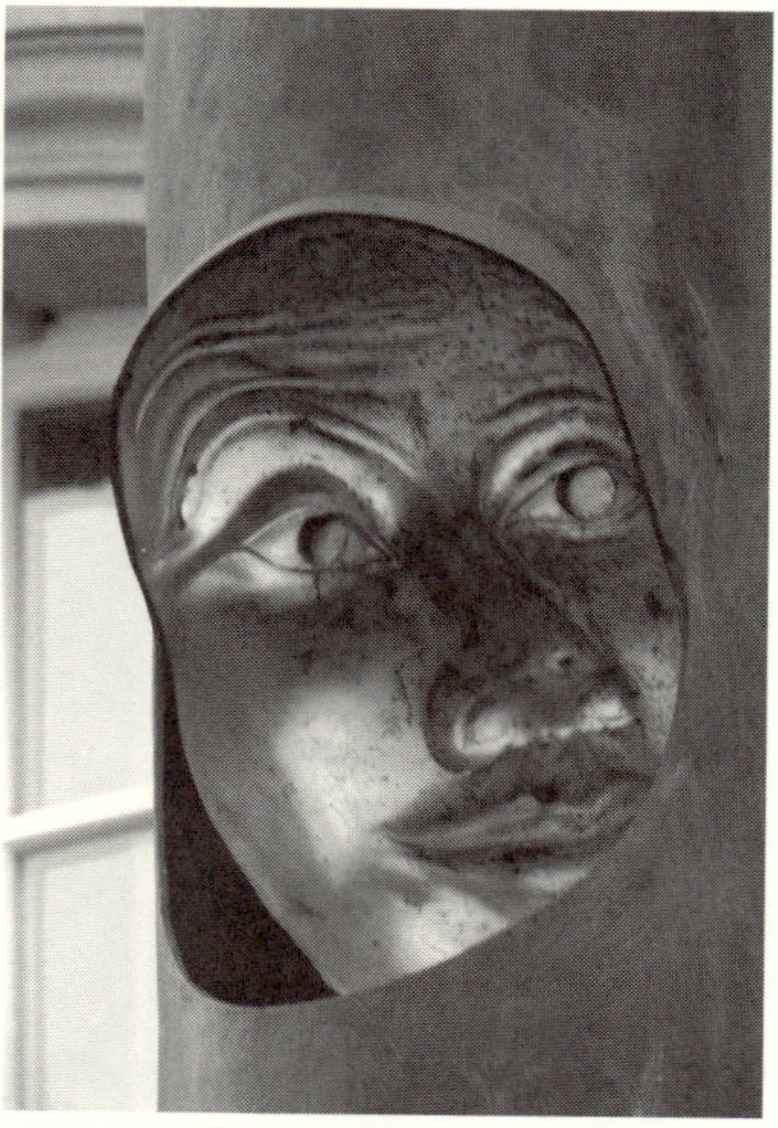

どこから見ても、見つめられている

て歩き始めた。一五分おきに、巡回しているのだ。

大公宮殿前の広場に、五本の円柱が建っている。その円柱の上の方に、金色をした人の顔が彫られている。その顔を見ると、どの円柱の顔も、すべての顔がこちらを見つめている。その顔のうちの一つを見ながら歩いてみると、なぜか見つめられたままだ。

大公宮殿の西へ行くと、第二代オランダ国王兼ルクセンブルク大公ギョーム二世の騎馬像が立つギョーム広場。大公宮殿の東へ行くと、カフェやレストランのあるマルシェ広場に出る。そのいずれでもない狭い路地の奥へ入っていくと、古い建物が狭い空間にびっしり固まって建っている。ドイツの文豪ゲーテゆかりの建物もある。いまはレストランになっているその建物は、外階段で二階と結ばれていた。

外階段のある古家

国内の出土品を展示した歴史博物館を見てから、サン・ミッシェル教会へ。時計のある塔の一部に、黒い鉄の塊があるのが見える。以前この塔の前で、現地ガイドから「ルイ一四世（一六三八〜一七一五年）が撃ち込んだ大砲の弾が埋め込んである」という話を聞いたことを思い出した。

ボックからの絶景に感激

サン・ミッシェル教会の東を城壁に沿って歩いていくと、その先に、ボックと呼ばれる断崖が現れる。ここには、急な岸壁に築かれた巨大な地下要塞とボックの砲台がある。この断崖絶壁の上からの眺めは、まさに、絶景である。眼下には、蛇行して流れるアルゼット川。その向こう岸、グルント（低地）に建つサン・ジャン教会の建物を見てから展望台に上ると、旧市街と新市街を繋ぐペトリュッス川に架かるアドルフ橋が眺められる。

この高さ四三m、長さ八四mの橋は、かつての大公の名前にちなんで名づけられたもの。皮肉にも、アドルフ・ヒットラー率いるナチスによって、一九四〇年の激戦で破壊され、戦後再建された、という歴史をもっている。

前日までと打って変わって、この日の天気は晴れ。この時期には珍しいほどの素晴らしい天気だった。十数年ぶりに見るこの絶景に、ただ、感激だった。

マルシェ広場に出て、大公宮殿の北側の道を西へ歩いていくと、角に、高級食器の陶磁器店として有名な二五〇年の歴史を誇るビレロイ・ボッホがある。

ショッピング街を歩いていくと、ダルム広場に出る。広場の東側、広場に面して建っている大きな建物は、自治宮殿だ。

ダルム広場から、南へ歩いていく。ショッピング街に並ぶ店をのぞき、カフェでひと休み。そ

ボックの砲台からの眺め

サン・ミッシェル教会

のまま真っ直ぐ南へ歩いていくと、憲法広場に戻る。

ローマ時代、二つのローマ街道が交差する交通の要所だったルクセンブルクは、先述のとおり現在、世界で最も裕福な都市の一つである。欧州議会の事務局本部、欧州司法裁判所、欧州投資銀行などもある。

日本企業とのつながりも深く、帝人やファナック、楽天などがヨーロッパの拠点をルクセンブルクに置いている。

いま、「この国には世界中の銀行がある」といわれているほど盛んな金融サービス業を中心に、ヨーロッパにおける情報通信産業の中核をも担ってきている。

エコツーリズムを中心とした観光産業も注目されてきており、今後ますます盛んになってくるに違いない。

※注　ＩＭＦ統計（二〇一五年）では国別一人当たり名目ＧＤＰが世界首位。

ニース —— フランス

世界のセレブに愛されたフランス最大のリゾート地

港には大型のヨットが係留されている

ニースといえば「花のカーニバル」

モナコからニース、アンティーブ、カンヌ、サントロペ、さらにマルセイユに至るまでの地中海に面した海岸線の一帯は、一般にコート・ダジュールと呼ばれる高級ビーチリゾート地として、世界中に知られている。

コート・ダジュール。まさに〝紺碧海岸〟の名にふさわしく、青い空と青い海、冬でも温暖な気候のこの地域には、世界中の金持ちが別荘を建て、ヨットハーバーには高価なレジャーボートが係留されている。この土地に咲く花のなかには、世界の各地から持ち込まれたものも多い。例えばブーゲンビリアはブラジルから、ミモザはオーストラリアからだ。

このコート・ダジュールの拠点が、ニースである。

「花のカーニバル」で仮装して練り歩く人々

ニースの人口は約三五万人。フランス国内で五番目の都市だが、海外からの観光客数はパリに次いで二位、ニース・コート・ダジュール空港は、同じくパリに次いで二番目に重要な空港となっている。そして、ニースといえば、カーニバルも有名だ。

起源は古代ローマにさかのぼり、一三世紀から盛んだったといわれ、「花のカーニバル」と呼ばれる。ここでは、「カーニバルの王様」と呼ばれる巨大な張子の人形が、カーニバル最終日、海岸に運ばれ、燃やされる。そして、花火がドーンと、打ち上げられるのだ。

「カーニバルの王様」の中で、ぼくが最も印象に残っているのは、二〇〇七年二～三月に開催された時のものである。

この年はフランスの大統領選挙があり、ラグビーのワールドカップが開催されることになっていた。毎年その年を最も反映しているようなテーマで人形のモデルが決められる。この年のモデルは、その時のフランス大統領、シラク氏だった。

カーニバルの主会場となるアルベール一世公園に作られた高さが一四mもある張子の人形は、ラグビーボールを持って、大きな両足を前に伸ばし、尻をついた格好で、海に向かって座っていた。一見、ユーモラスな表情をしたその顔をよく見ると、どことなく寂しげな感じがしたことを覚えている。

大人も子どもも楽しい〝空〟の旅

毎年カーニバルの時には、アルベール一世公園に、子どもたちに人気の移動式の観覧車がやってくる。高さは、五〇m。移動式といってもかなり本格的なもので、日本とは違って、客が乗るゴンドラを取り囲むような覆いはない。

三〜四組の客が観覧車に乗ると、動き出す。サーッと上がっ

観覧車から眺めるニースのまち並み

アルベール１世公園に設置された観覧車

ていくその速度はかなり速く、風が顔に、体に、直接当たる。一回転しても止まらない。二周してもまだ止まらない。三周目で、最も高い位置にきたところで、ストップ。風景をゆっくり楽しんでもらおう、ということのようだ。眺めが、抜群に良い。丘の上からとはまた違った、ここからでないと見ることができない風景を、感激しながら楽しんだ。下からはカーニバルの太鼓や笛の音が聞こえてくる。四周目はまた前のように止まることなく速く回って、さらにもう一周。六分間の楽しい観覧車の空の〝旅〟だ。

プロムナード・デ・ザングレとその周辺

公園前の海岸線には東西に走る大通りがあり、海側に遊歩道、プロムナード・デ・ザングレが整備されている。この遊歩道から旧市街を通り城跡展望台がある丘の上まで、路面を走る観光用の「小さな汽車」に乗って行ける。旧市街の東に位置する城跡展望台に上ると、すぐ下に広がる旧市街、海岸に沿った遊歩道のある大通り、それに、ニースのまち並みの全景を眺めることができる。

プロムナード・デ・ザングレとはイギリス人の散歩道の意で、地元の人にも観光客にも人気の散歩コースだ。昔は石がごろごろしているだけだったというこの海岸が、太陽の光に乏しいイギリス人のお気に入りの場所として注目されるようになり、女王もやってきた。一九世紀の初め、在留イギリス人たちの出資で遊歩道が造られたため、この名が付いた。ビーチサンダルに履き替

海岸には散歩道、プロムナード・デザングレが整備されている

地中海に面したニースの海岸は石ころの海岸だ

旧市街のサレヤ広場で花市をのぞく

ニース旧市街の地図

えて、波打際まで歩く。ここは砂浜ではなく、当然石ころだらけ。素足では歩きにくいのだ。

プロムナード・デ・ザングレを散歩し、旧市街のサレヤ広場で骨董市や花市をのぞき、オペラ座、市庁舎の横を通って、アルベール一世公園まで、ゆっくりニースのまち歩きを楽しむ。

ニースは最も寒い時期でも最低気温が五～六度といわれる温暖な土地だ。ビーチは真南を向いて広がっており、冬でも日が当たると暖かい。カーニバルが開催される二月中旬には、降り注ぐ日差しは強く、ビーチには早くもビキニ姿の女性たちを見かけるようになる。

第二次世界大戦までは、冬ともなるとヨーロッパ中の王侯貴族が訪れる古くからの高級別荘地であり社交場だった。この地に墓のあるマティスやシャガールなどニースを愛した芸術家も多く、チェーホフはここで『三人姉妹』を執筆した。現在では、フランス最大のリゾート地として多くの観光客が訪れる。歴史と伝統に裏付けされた世界の高級リゾート地として、今後もますます世界の注目を浴び、発展していくに違いない。

ミハス ―― スペイン

生活の知恵が生んだ景観が、スペイン有数の観光資源に

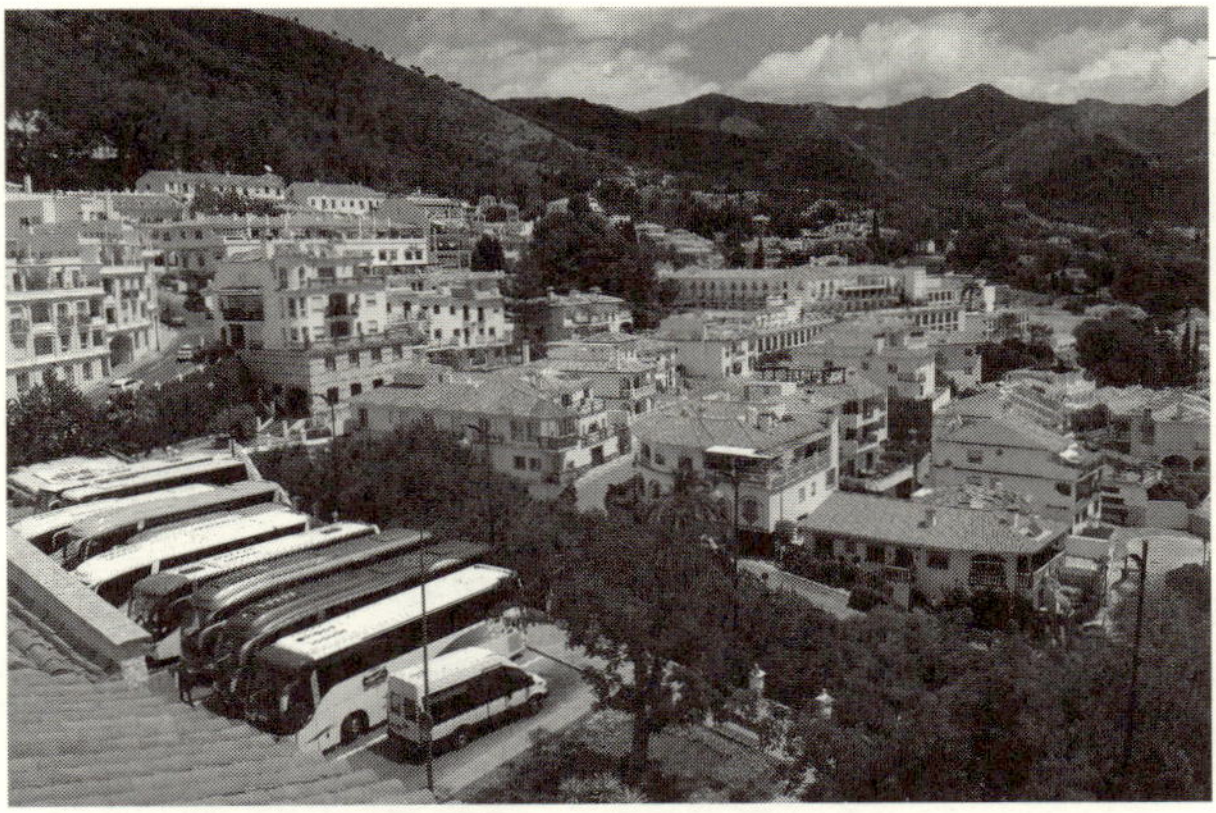

大型の観光バスで満杯の駐車場

スペイン有数の「白い村」

スペイン南部、アンダルシア地方の地中海に面した海岸地帯を、コスタ・デル・ソル（太陽の海岸）と呼ぶ。一年中温暖な気候のこの土地へは、その太陽の恵みを求めて、多くの観光客が訪れる。ここは、ヨーロッパ屈指の人気のビーチリゾートとなっているのだ。コスタ・デル・ソルの空の玄関口マラガの国際空港には、ヨーロッパの主要都市から直行便が離着陸し、スペインの首都マドリードとは一時間で結ばれている。

突き抜けるような青い空の下、バスの車窓から見えるのは、オリーブ畑に、ひまわり畑。アンダルシアの大地に点在する、強烈な真夏の太陽に照らされた、白い壁の家。三十数年前に、この風景を初めて見たときの感動を、いまでも忘れられない。その時の記憶を胸に、

ミハス名物、ロバタクシー乗り場のロバ

白い家が続く坂道を歩く観光客

二〇一六年の五月下旬、咲き始めたばかりの黄色いひまわり畑、それに、赤い花が咲くケシの畑を眺めながらアンダルシアの大地を突っ走った。目指すは、マラガから約三〇km、地中海を見晴らす標高四〇〇m余りの山の中腹に位置する、ミハスだ。

ミハスは、コスタ・デル・ソルに点在する「白い村」の中でも中心的な存在であり、スペイン国内でも有数の観光地だ。そのため、公共の駐車場は、大型の観光バスで満杯状態のことが多い。

駐車場から通りを挟んだ山側には、ズラリと白い建物が並んでいる。ここからは、坂道を歩いて上る。崖の上のラ・ペーニャ聖母礼拝堂を正面に見て、ロバタクシーの乗り場を右折。ここが、ミハス観光の出発点だ。ロバの銅像があり、それに乗って子どもたちが記念写真を撮っている。観光案内所に寄って、地図を入手してから、まち歩きを楽しむことにしよう。

ミハスでは、名物のロバタクシーに乗るのも、馬車に揺られてゆっくり回るのも、もちろん歩いて回るのも、お好み次第。急げば、一時間もあれば主な見どころを歩いて回ることさえ可能だ。しかし、それではもったいない。ここは、ゆっくり滞在したいまちだ。路地を歩き、店をのぞき、カフェで休み、展望台からの眺めを堪能したい。すれ違う住民の表情も、なんとなく暮らしに余裕があることを感じさせ、旅人を笑顔で迎えてくれる。

コンスティトゥシオン広場のようす

壁一面に飾られた土産物

国内で一番小さな闘牛場

村の中心は、噴水のあるコンスティトゥシオン広場。オープンカフェがあり、広場を取り囲むように、レストランやカフェ、土産物屋などが並んでいる。レストランの奥、海側は、展望台になっている。ここからは、天気次第ではアフリカ大陸が見えることもあるのだという。

広場から、南へ延びる坂道を上っていくと、正面に、白壁の建物が現れる。闘牛場である。この小さな四角い闘牛場は、一九〇〇年に造られたもので、歴史があるだけでなく、「スペインで一番小さな闘牛場」としても有名なのだ。

窓口で四ユーロ払って、闘牛場の中へ。この闘牛場の歴史を示すポスター、闘牛士の衣装、写真などが展示されている通路を通り抜け、闘牛場の中央に立ち、地面に触れてみる。観客席に上り、一番高い所に立った。左に、隣接するインマクラダ・コンセプション教会があり、右の方向には、山の斜面にびっしりと白い家々が建ち並ぶ。その家々の間を、一本の道が垂直に真っ直ぐ延びている。

外に出ると、闘牛場をバックに、新婚カップルが記念写真を撮っていた。

ゆったりと過ごしたい坂のあるまち

隣接する公園を散策し、展望台へ向かう。展望台からは、地中海を眺めることができる。この海のその先に、アフリカ大陸があるのだ。

気持ちの良い風を感じながら、ベンチに腰掛け、ランチタイムとする。パンをかじりながら、当地で購入したチーズに、チョリソーソーセージ。旨い。が、最高のご馳走は、ここからの眺め、この風景だ。

闘牛場の入り口

1900年に造られた、この小さな四角い闘牛場も、ミハスの見どころの一つ

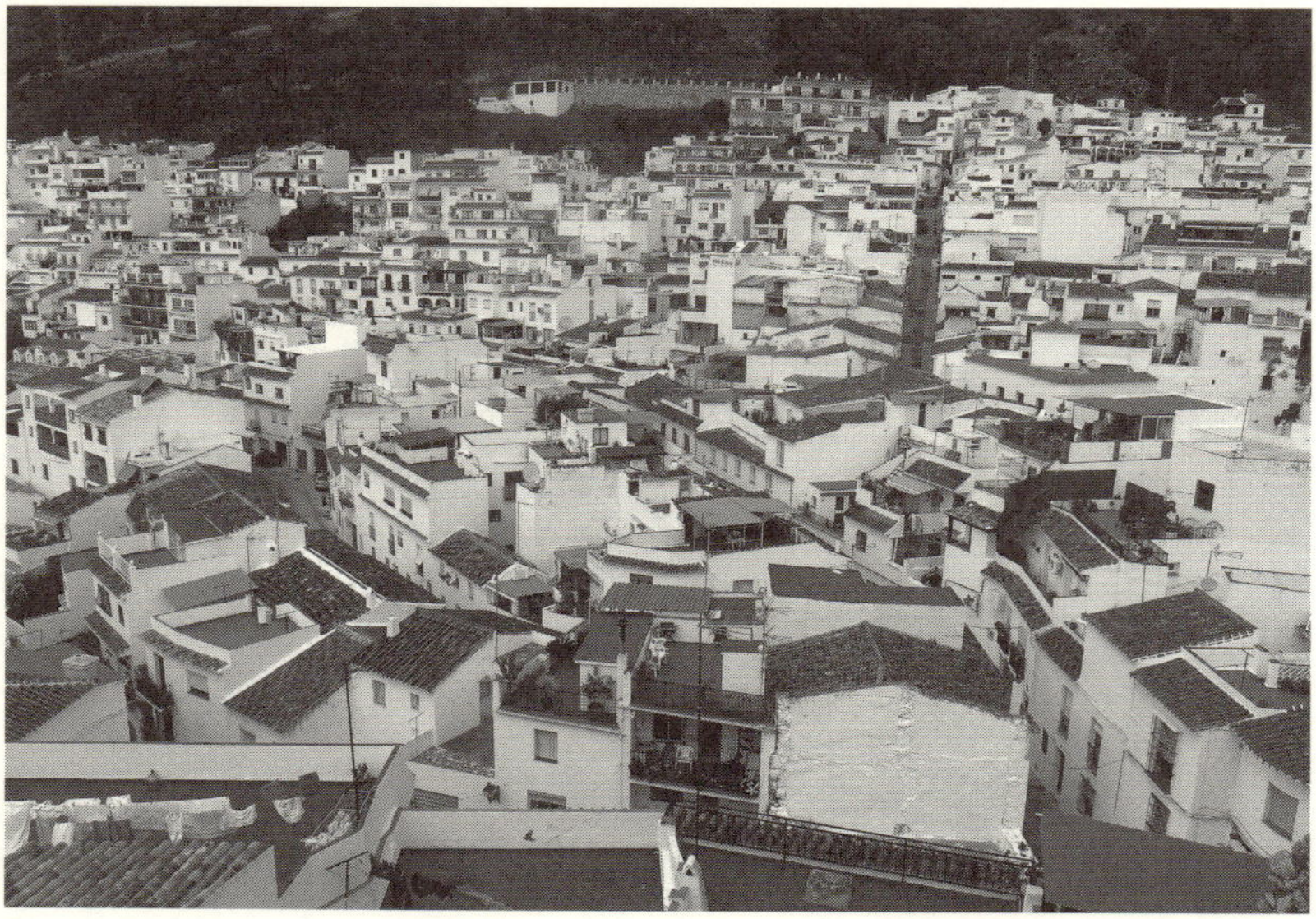

山の斜面に密集して建つ白い壁の家々

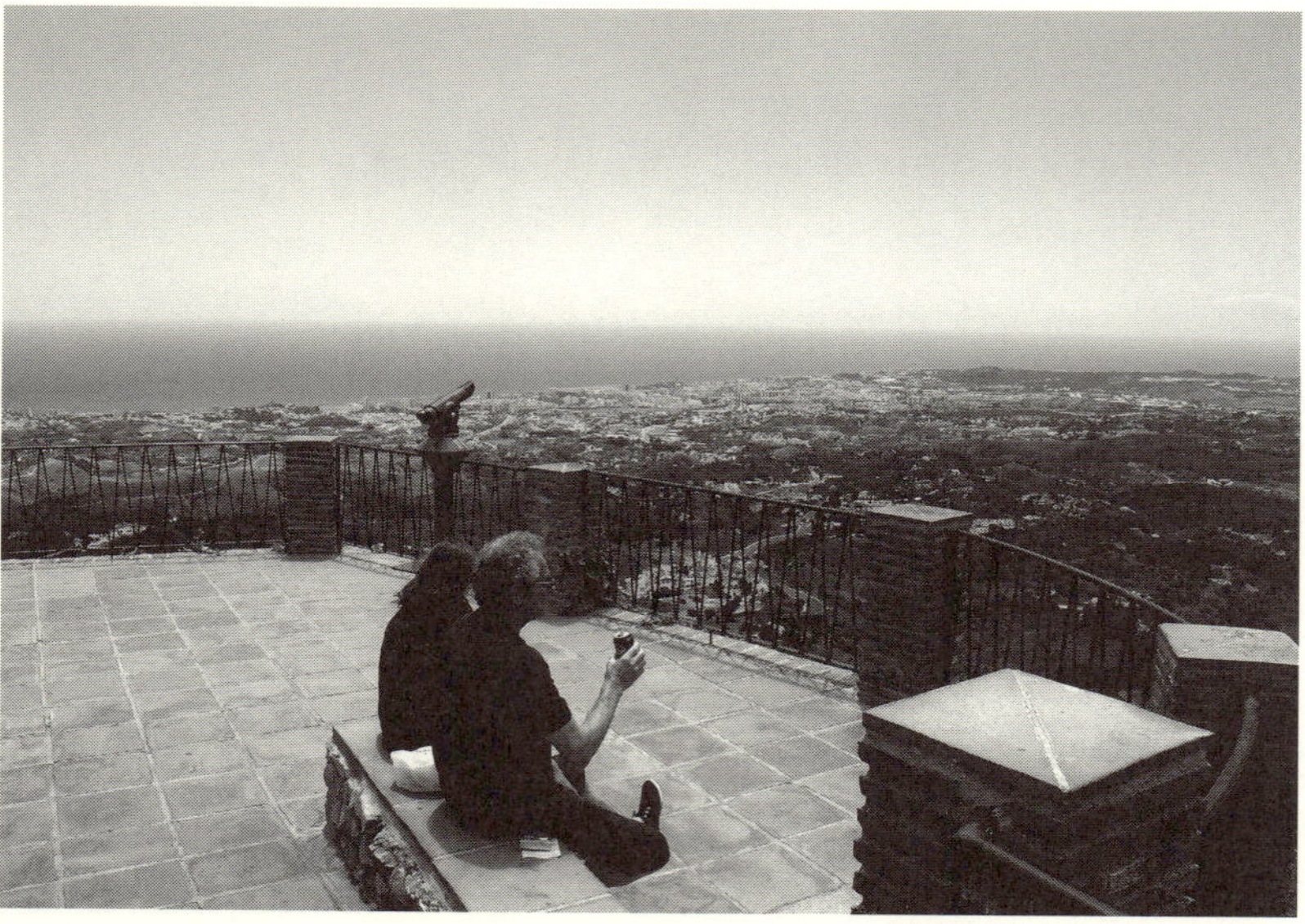

公園の展望台から地中海を望む

サン・セバスチャン通りのタイル絵案内プレート

サン・セバスチャン通りのカフェ

ミハスで観光客に最も人気のある通りは、サン・セバスチャン通りである。サン・セバスチャン教会の角から始まり、白い建物がびっしりと立ち並ぶこの通りは、先に行けば行くほど道幅は狭くなり、勾配は急になっていき、ついには階段となる。家々にはゼラニウムなど花の植木鉢が飾られている。

建物の白壁は、レンガを積み上げ、その上を白い漆喰で塗り固めたもの。レンガには無数の穴が開いているため、室内に熱がこもらないうえ、壁の白い色は夏の強烈な日光を反射する。人々の生活の知恵から生まれたこの「白い村」の景観が、いま、大きな魅力となって、世界中から観光客が訪れるようになっているのだ。

気になる店があったら、迷わず店の奥へ。カウンターで注文して立ち飲みもいいし、オープンカフェの椅子に腰かけて、行き交う人々を眺めるのも、いい。坂道を歩いていると、小さな女の子が家から出てきて、ニッコリ笑い、元気に坂道を駆け上っていった。乳母車を押して歩く母親、くつろぐお年寄りの姿。人々の暮らしが同居している。そんな中に自分の身を置いて時間を過ごすこと、これもまた、ミハス観光の魅力の一つだ。

カルロヴィ・ヴァリ ―― チェコ共和国

全欧に知られた温泉保養地

テプラー川とカルロヴィ・ヴァリの家並み

ベルツが結んだ日本との縁

チェコ共和国の首都プラハから西へおよそ一二〇㎞、テプラー川とオフジェ川との合流地点に、ヨーロッパ屈指の温泉保養地カルロヴィ・ヴァリがある。カルロヴィ・ヴァリとは、「カレルの温泉」という意味。その名は一四世紀半ばのボヘミア王であり神聖ローマ皇帝にもなったカレル四世に由来している。

カルロヴィ・ヴァリは、世界的に有名なドイツの温泉地バーデン・バーデンや、日本の温泉地、群馬県の草津町とも姉妹都市の関係にある。

明治時代に来日して『ベルツの日記』を著したドイツ人医師ベルツは、日本にやってくる前に何度もこのカルロヴィ・ヴァリを訪れ、温泉医療について研究していた。そのベルツは、日本滞在中に、各地の温泉地を巡り、健康と温泉の効能について調査した。その結果注目したのが、草津温泉と伊香保温泉だった。いま、草津にはベルツに関する充実した資料館もある。カルロヴィ・ヴァリと草津町が姉妹都市の関係にあるのは、そんな歴史的な結びつきがあるからである。

訪れた歴史的著名人はきら星のごとく

まちの中央を南から北へゆっくりと蛇行して流れるテプラー川の右岸、川に面してカルロヴィ・ヴァリ博物館が建っている。二〇〇〇年の三月にここを訪れたとき、二階から三階へと通じる階段の踊り場に、カルロヴィ・ヴァリにやってきた著名人ばかりを描いた一枚の絵が展示されていた。この絵を見て、「こんな人も来ていたのか」と感激して、描かれている人物一人ひとりの名前を確認しながら、じっくり鑑賞したものだ。バッハ、モーツァルト、ベートーベン、さらにはゲーテ、マリア・テレジアなど、一八世紀以降、多くの音楽家や作家、王侯貴族がこの温泉保養地を訪れた。

二〇一六年の八月、再びカルロヴィ・ヴァリを訪れた。そのときにも、この絵を見ようと博物館に行ってみた。だが、博物館は大規模な改修工事中で、中に入ることができなかった。

周囲をぐるりと森に囲まれたこの温泉地には、テプラー川に沿って、歴史と趣のあるさまざまな温泉宿が分布している。

テプラー川の左岸、カルロヴィ・ヴァリ博物館の対岸に建っている風格のある高級ホテルが、

気に入ったカップを購入し、飲泉を楽しむ観光客

一七七八年に建設されたグランドホテル・プップである。ホテル前の広場には、このホテルに宿泊した著名人の名前と宿泊した年が刻まれたプレートが埋め込まれている。映画『007 カジノ・ロワイヤル』のロケ地ともなったところで、七月に開催されるカルロヴィ・ヴァリ国際映画祭は、このホテルをメイン会場に行われる。

二〇〇〇年に訪れた際には、このホテルに宿泊した。ホテル内の温泉にゆっくりと浸《つ》かり、サウナで汗を流し、温泉プールにも入った。天井の高い豪華な大広間で、このホテル自慢の料理も味わった。

コロナーダを飲み歩く

温泉地カルロヴィ・ヴァリは、この国で首都プラハに次いで二番目に入込客数が多い。マンホールのふたも、温泉がデザインされている。温泉に浸かり、マッサージを受けることもできるが、ここにやってくる観光客の多くが求めるものは、温泉を飲み、散策し、可愛らしいまちでゆったりとしたときを過ごすことだ。

テプラー川に沿って点在するコロナーダ（飲泉のある回廊）で、陶器の可愛らしいカップに蛇口から温泉を注ぎ、その場で細い管のようになったカップの吸い口から飲む。このカップはカルロヴィ・ヴァリ独特のエキゾチックなデザインで、形や描かれている絵も種類が多い。土産物としても、おススメだ。

カルロヴィ・ヴァリは日帰りでも楽しむことができる。例えばカルロヴィ・ヴァリ・ドルニー駅から歩いてみよう。駅前の道を左へ歩き始め、テプラー川にぶつかったら右折。川に沿って、ザフラドニー通りを南へ歩いていく。チェコの国民的な作曲家スメタナの名がつけられた公園を抜けて、橋のたもとに出たら、売店で、カルロヴィ・ヴァリ名物の「温泉ウエハース」を一枚購入（日本円で約五〇円）。温めてもらって、食べながら、ドヴォルザークの銅像が立つドヴォルザーク公園を歩く。

サドヴァー・コロナーダ

公園の先に隣接して、円形ドームの下に蛇形の蛇口から温泉が出ているサドヴァー・コロナーダがある。次に現れるのは、ルネッサンス様式の建物のムリーンスカー・コロナーダ。長さ一三二mの回廊に、それぞれ温度の違う六つの温泉水の蛇口がある。レースのような装飾の建物、トルジニー・コロナーダの南西の端には、カレル四世の名のついた温泉があり、二〇一六年の夏に訪れた際には、カレル四世の砂の像がつくられていた。

ムリーンスカー・コルナーダの温泉水

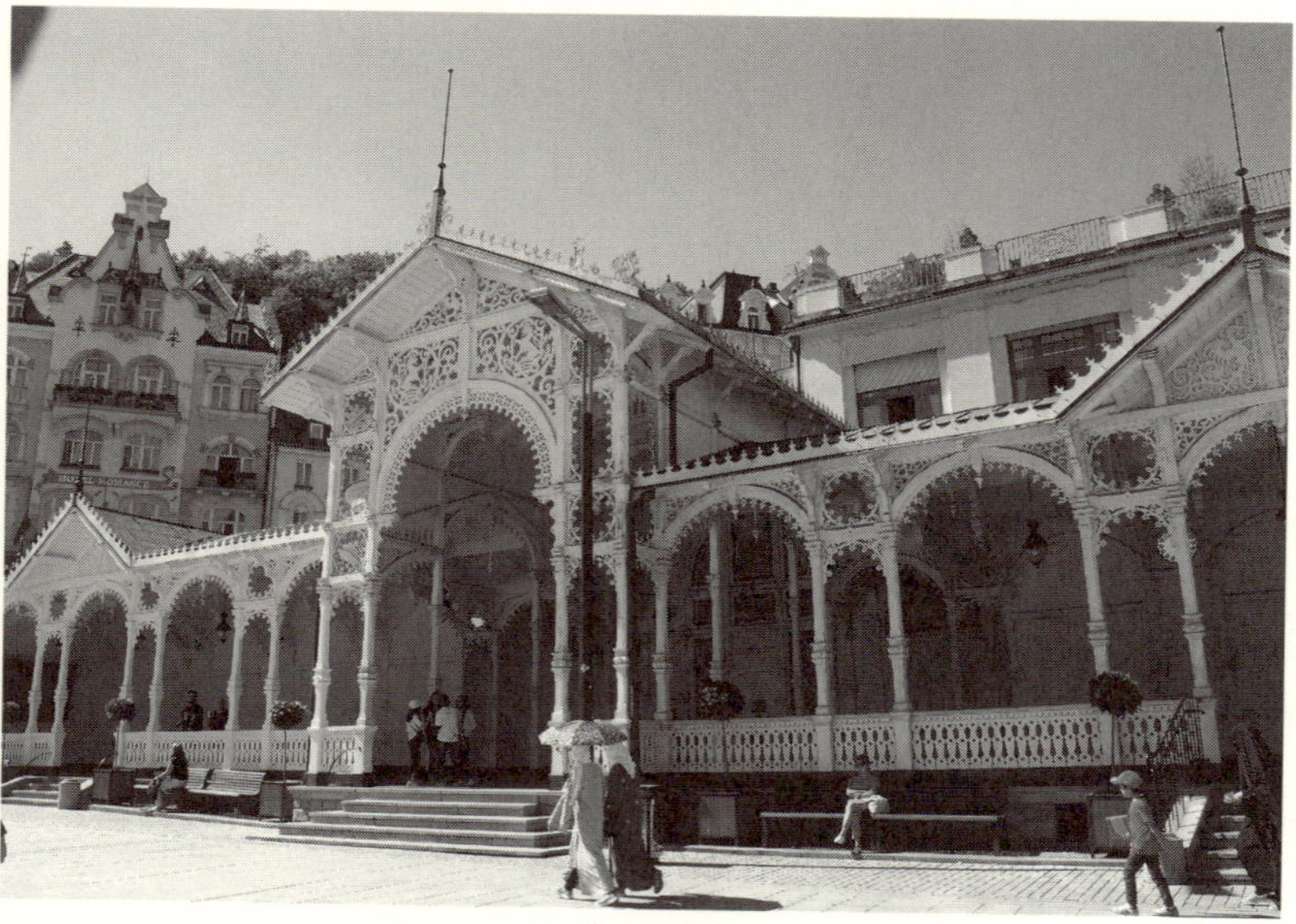

レースのような装飾の建物、トルジニー・コロナーダ

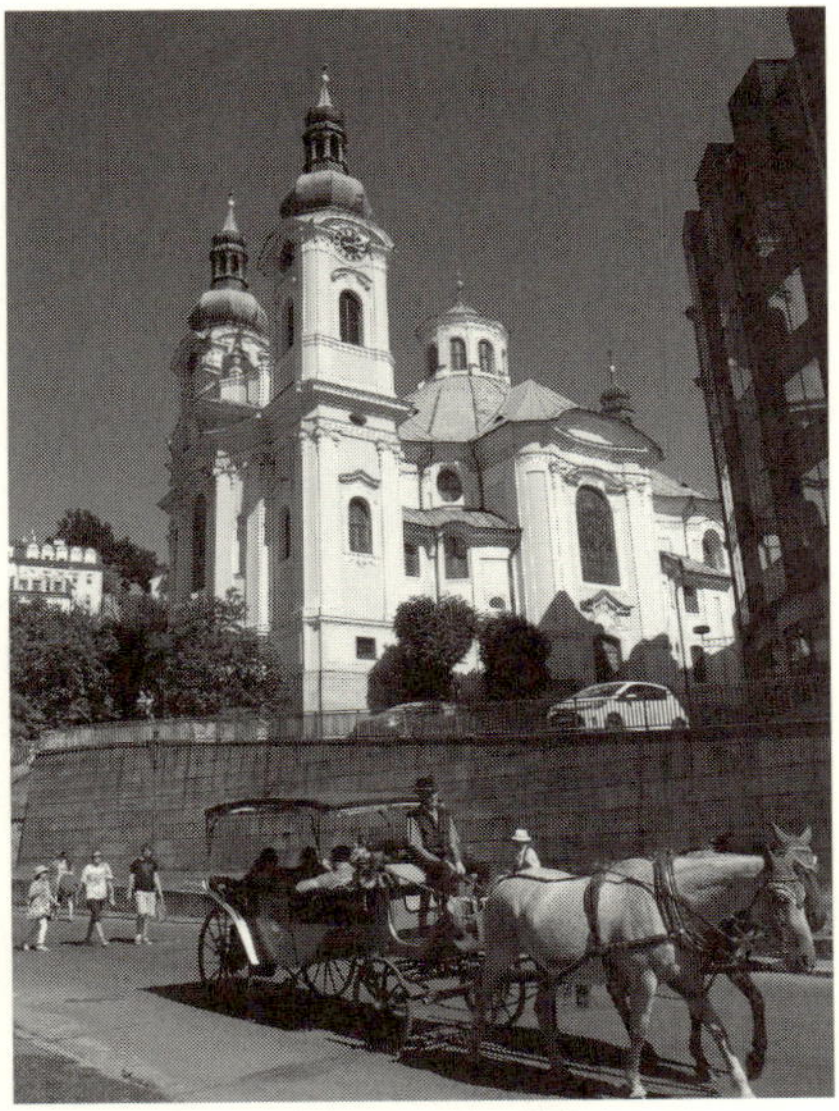
観光馬車と聖マグダラのマリア教会

ヴジーデルニー・コロナーダの間欠泉ヴジードロ

テプラー川の対岸に渡り、劇場広場に着いたら、ここからは観光馬車に乗るのもいい。聖マグダナのマリア教会を見学してから、ヴジーデルニー・コロナーダへ。すると、以前は室内にあった約一二mの高さまで噴出する間欠泉ヴジードロが、屋外にある。建物の老朽化が進み、建物の一部を取り壊したため、外に出ることになったのだ。飲用の五つの蛇口は以前の通り室内にあり、温泉が出ていたので、すべてを少しずつ飲んでみる。

こんな温泉地もある。「飲泉」が文化として、まちじゅうに当たり前のようにある風景。所変われば温泉の楽しみ方もさまざまだ。

あとがき

いま、ぼくは、月に一度ぐらいの割合で、海外へ旅に出る。

まちを歩き、そのまちの雰囲気を、実際に自分の肌で感じ、新鮮な写真を撮るためだ。

『マネジメントスクエア』（ちばぎん総合研究所発行）に載った原稿や写真が本になるのは、『世界、この魅力ある街・人・自然』（八千代出版）に続いて、これが、二冊目である。

ここに収められた二四の、魅力あるヨーロッパのまち。

それぞれの掲載年月は、以下のとおりである。

［掲載年月一覧］

リスボン（ポルトガル）	二〇一二年七月号
プラハ（チェコ共和国）	二〇一二年一〇月号
ブダペスト（ハンガリー）	二〇一二年一二月号
ベネチア（イタリア）	二〇一三年三月号
トレド（スペイン）	二〇一三年五月号
ドレスデン（ドイツ）	二〇一三年七月号

ドゥブロヴニク（クロアチア）　二〇一三年一二月号
バーデン（スイス）　二〇一四年四月号
タリン（エストニア共和国）　二〇一四年五月号
リトアニア共和国　二〇一四年六月号
リガ（ラトビア共和国）　二〇一四年七月号
ストラスブール（フランス）　二〇一五年五月号
フィレンツェ（イタリア）　二〇一五年六月号
スプリット（クロアチア）　二〇一五年七月号
セビリア（スペイン）　二〇一五年九月号
ジュネーブ（スイス）　二〇一五年一一月号
アヴィニョン（フランス）　二〇一五年一二月号
シチリア島（イタリア）　二〇一六年一月号
グリニッジ（イギリス）　二〇一六年二月号
マルセイユ（フランス）　二〇一六年四月号
ルクセンブルク（ルクセンブルク大公国）　二〇一六年六月号
ニース（フランス）　二〇一六年七月号
ミハス（スペイン）　二〇一六年八月号

カルロヴィ・ヴァアリ（チェコ共和国）　二〇一六年一一月号

この本は、ＮＨＫラジオの旅番組「金曜旅倶楽部・旅に出ようよ」に三年間レギュラー出演し、旅をした日本各地・二四のまちについて書いた『大人のまち歩き』、それに、三〇年間連載したタウン誌に書いたものをまとめた『鎌ケ谷　まち歩きの楽しみ』に続いて、新典社から出る三冊目の本。既刊の二冊の本も、合わせてお読みいただければ幸いである。

この本の出版にあたって、新典社の社長、岡元学実さん、それに、編集部の小松由紀子さんに大変にお世話になった。心から御礼申し上げる次第である。

二〇一八年一月

秋　山　秀　一

Photo：A. Izumi

秋山　秀一（あきやま　しゅういち）
1950（昭和25）年、江戸川区生まれ。鎌ケ谷市在住。東京教育大学（現筑波大学）大学院修了。旅行作家、元東京成徳大学教授、ＮＨＫ文化センター講師。日本外国特派員協会、日本エッセイスト・クラブ、日本旅行作家協会の会員。旅チャンネル番組審議委員。鎌ケ谷市都市計画審議会会長、鎌ケ谷市総合基本計画審議会会長、鎌ケ谷市国際交流協会会長、ＮＰＯふるさとオンリーワンのまち副理事長。海外への旅200回、訪れた国と地域80か所以上。2009年4月から3年間、ＮＨＫラジオつながるラジオ金曜旅倶楽部「旅に出ようよ」に旅のプレゼンターとしてレギュラー出演。「世界旅レポート」（ノースウエスト航空機内誌）、「旅の達人が見た 世界観光事情」（マネジメントスクエア）、「アラン・ドロンとともに 秋山秀一のロケ地探訪」（おとなのデジタルＴＶナビ）など、各種雑誌に執筆、連載。著書に『大人のまち歩き』（新典社）、『鎌ケ谷 まち歩きの楽しみ』（新典社）、『世界、この魅力ある街・人・自然』（八千代出版）、『フィールドワークのススメ―アジア観光・文化の旅』（学文社）、『ウクライナとモルドバ』（芦書房）などがある。YouTubeで、「旅行作家 秋山秀一の世界旅」配信中。

ヨーロッパ観光事情　まち歩きの楽しみ

2018年2月9日　初刷発行

著　者　秋山秀一
発行者　岡元学実

発行所　株式会社　新典社

〒101－0051　東京都千代田区神田神保町1－44－11
営業部　03－3233－8051　編集部　03－3233－8052
ＦＡＸ　03－3233－8053　振　替　00170－0－26932
検印省略・不許複製
印刷所 惠友印刷㈱　製本所 牧製本印刷㈱

ISBN978-4-7879-7859-2 C0026
http://www.shintensha.co.jp/
E-Mail:info@shintensha.co.jp